Lieblings- plätze

RHÖN

RHÖN

GMEINER

RÜDIGER EDELMANN

Autor und Verlag haben alle Informationen geprüft. Gleichwohl wissen wir, dass sich Gegebenheiten im Verlauf der Zeit ändern, daher erfolgen alle Angaben ohne Gewähr. Sollten Sie Feedback haben, bitte schreiben Sie uns! Über Ihre Rückmeldung zum Buch freuen sich Autor und Verlag: lieblingsplaetze@gmeiner-verlag.de

Sofern nicht im Folgenden gelistet, stammen alle Bilder von Rüdiger Edelmann: Rhön Marketing, Arnulf Müller 44, 108, 110; Rhön Marketing, Stefan Brähler 34; Klaus Brückner 124; Deutsche Bahn 156; Deutsches Fahrradmuseum 162; Tilman2007 commons.wikimedia.org/wiki/File:Bad_Kissingen,_Altenberg,_D-6-72-114-127,_003.jpg, Lizenz: CC BY-SA 3.0 creativecommons.org/licenses/by-sa/3.0/deed.en 166

QR-Code einscannen und kostenloses E-Book anfordern.

Besuchen Sie uns im Internet:
www.gmeiner-verlag.de

1., überarbeitete Neuauflage 2021
© 2016 – Gmeiner-Verlag GmbH
Im Ehnried 5, 88605 Meßkirch
Telefon 07575/2095-0
info@gmeiner-verlag.de
Alle Rechte vorbehalten

Lektorat/Redaktion: Anja Kästle
Herstellung: Julia Franze
Bildbearbeitung/Umschlaggestaltung: Susanne Lutz
unter Verwendung der Illustrationen von © SimpLine – stock.adobe.com;
© SylwiaNowik – stock.adobe.com; © Susanne Lutz; © Fiedels –
stock.adobe.com; © Bojanovic78 – stock.adobe.com; © VRD –
stock.adobe.com; © mrr – stock.adobe.com; © Simmer2208– stock.adobe.com
Kartendesign: Susanne Lutz; © The World of Maps (123vectormaps.com)
Druck: AZ Druck und Datentechnik GmbH, Kempten
Printed in Germany
ISBN 978-3-8392-2924-8

DIE RHÖN — HISTORISCH

LAND DER OFFENEN FERNEN
Eine Annäherung an die Rhön

Es ist eine gewöhnungsbedürftige Eigencharakterisierung, die die Touristiker mit der Begrifflichkeit vom *Land der offenen Fernen* vor einigen Jahren geschaffen haben. Sie setzt auf den weiten Blick, der von der Mittelgebirgslandschaft im Zentrum Deutschlands gegeben ist, den teilweise kahlen Kuppen, wo der Wald in früheren Zeiten der Holzwirtschaft zum Opfer gefallen ist.

Das mit dem weiten Blick mag geografisch schon lange so sein, offen waren die Fernen allerdings bis 1989 nicht. Die Rhön als Dreiländer-Gebirge war eine Region der deutschen Trennung und wahlweise DDR-Sperrgebiet oder BRD-Zonenrandgebiet. Beides drängte das heute so zentrale Mittelgebirge an den geografischen wie wirtschaftlichen Rand. Das mit der Randlage gilt letztlich sogar innerhalb der Bundesrepublik. Die Rhön als nördlichster Zipfel von Bayern wurde genauso gerne übersehen wie die Rhön als der östlichste Bereich Hessens. Aber betrachten wir das Positive dieser historischen Randlage. Sie hat dazu geführt, dass die Region heute eine einzigartige Naturlandschaft besitzt. Sie führte zum Erhalt von Tradition und zum Heimatbezug der Menschen. Rhöner sind für die Rhön geboren. So wächst eine Idylle wieder zusammen, die zusammengehört, selbst wenn die Landschaft, schon wegen des rauen Klimas, immer etwas später erblüht.

Die Rhön spielte schon in meinen Kindheitserinnerungen eine Rolle. Da gab es entfernte Verwandtschaft in einem Örtchen mit dem schönen Namen Platz und den Skizug *Rhön-Blitz*, der uns Frankfurter in schneereichen Wintern bis nach Gersfeld fuhr. Später waren es Winterwochenenden mit Freunden. Die Reise zur Rother Kuppe und zum *Rhön Park Hotel* war dunkel und kalt, und die Fahrt wollte kein Ende nehmen. Ich denke aber auch an warme Sommertage und Wanderungen durchs Rote Moor und an köstliche Forellen, die auf dem Teller leider kalt wurden, weil ich der Gräten nicht Herr wurde. Die anschließende Übernachtung im Hotel *Rhönhäuschen* war geprägt von Einschlafschwierigkeiten wegen der fast schon beängstigenden Stille. Da war die Geburtstagsfeier eines Kollegen, die im November

1989 in Bischofsheim-Haselbach stattfand. Der in der Rhön legendäre Saal des Gasthofs Kreuzbergschanze war gefüllt mit freundlichen Menschen, und wir erfuhren ganz nebenbei, dass bei Lokalbesitzerin Hilde schon zwei Küchenhilfen aus Thüringen arbeiteten. So machte die Geburtstagsgesellschaft dann nach und nach Trabbi-Rundfahrten über die Dorfstraße von Haselbach und die Jungs aus der »Noch-DDR« beschlossen den Abend mit mehreren Hundert D-Mark »Benzingeld«. Die Zeit ging ins Land. DDR und BRD wurden eins, und aus den Ritzen vor dem Eingang der Kreuzbergschanze wächst heute Gras. Das Lokal scheint seit Ewigkeiten geschlossen. Viele Wirte geben auf, weil sich der Betrieb nicht mehr lohnt. Andererseits bemühen sich engagierte Gastronomen erfolgreich um die Wiederbelebung der heimischen Küche.

Die Rhön zu entdecken ist historisch interessant, körperlich mitunter anstrengend, geprägt von Schneefall im April, heißen Sommertagen im Juli und lauen Sommerabenden im August. Da sind die Nachmittage mit gesundem Wasser in Bad Kissingen, die Fahrt mit dem Rhön-Zügle in Fladungen oder der Postkutsche nach Bad Bocklet. Es ist das gute Bier vom Kreuzberg, wohlschmeckender Wein aus Hammelburg, Bratwürste und Klöße aus Meiningen, Apfelsherry aus Seiferts und der RWOX (Rhöner Weideochse) aus Dermbach. Diesen bringt uns Sternekoch Björn Leist näher. Einige Rhöner sind echte Botschafter ihrer Heimat – sei es als historische Figur, als Gastgeber, als Postkutscherin, als Schäfer oder auch nur als Rhönschaf. Määh! Die Rhön ist schön! Das klingt nach Plattitüde. Kein Wunder, auch dieser Spruch diente lange Zeit der Tourismuswerbung und feiert gerade seine Renaissance.

Rüdiger Edelmann

DIE RHÖN – NATÜRLICH

1

Schwarzer Kopf, weiße
Beine. Alles rund ums
Rhönschaf erfahren Sie
bei Führungen auf dem
Spiegelshof
Julia Djabalameli
Waldstraße 25
36115 Ehrenberg–Melperts
06683 917859
www.spiegelshof.de

MÄÄHT FÜR EINE REGION

Das Rhönschaf auf dem Spiegelshof in Melperts

Es ist gleich, ob das Schäfchen Wolli heißt und vom Schäfer Kolb aus Oberelsbach-Ginolfs in der bayerischen Rhön stammt oder ob es bei Schäferin Julia Djabalameli auf dem Spiegelshof im hessischen Ehrenberg-Melperts auf den Weiden steht. Das Rhönschaf war und ist immer etwas Besonderes.

Lexika beschreiben es als hochbeinig, hornlos und am schwarzen Kopf unbewollt bis hinter die Ohren. In Akten des Fuldaer Hochstifts aus dem Jahre 1844 wird es bezeichnet als »gemeines teutsches Schaf in einer eigenthümlichen Art, welches selbst im Ausland unter dem Namen »Rhönschaf« gekannt wird.« Nun war und ist diese Rasse nicht von ungefähr in dieser Umgebung heimisch. Die kargen Böden der Rhön machen den Schafen nichts aus, ganz im Gegenteil, die Tiere dienen der Pflege von Streuobstwiesen und anderer magerer Böden. Im Gegensatz zur teilweise unfruchtbaren Erde, auf der sie stehen, sind die Rhönschafe selbst extrem fruchtbar und gleichzeitig unempfindlich gegenüber der feuchtkühlen Witterung. So waren sie ein Segen für die Rhöner Bauern in Sachen Wolle, Fleisch und Landschaftspflege. Umso unverständlicher ist es, dass die Tiere fast ausgerottet wurden. Gab es im 19. Jahrhundert noch mehrere Hunderttausend, so waren es 1970 nur noch 300. Der BUND Naturschutz startete 1985 das Rhönschaf-Projekt. Glücklicherweise waren die Bemühungen dank der Zusammenarbeit mit aktiven Schäfern erfolgreich. Inzwischen hat sich der Bestand bei etwas über 7.000 Tieren stabilisiert.

Gleichzeitig wurde das Rhönschaf zum Werbeträger und Botschafter seiner Heimat. Der skurrile Streit um Comicschaf Rhönhilde, das wegen seiner schwarzen Beine von humorlosen Fachleuten nicht akzeptiert wurde, ist nur eine Petitesse. Rhönhilde tritt nach wie vor auf und behauptet, es habe schwarze Strümpfe über die weißen Beine gezogen.

Der Spiegelshof bietet Rhönschafwanderungen mit Besuch der Schafherde an. Um teilzunehmen, ist eine Anmeldung über die Homepage erforderlich.

Die **Rhön** UNESCO

Biosphärenreservat

2

**Geführte Biosphären-
wanderungen** starten
etwa am Wanderparkplatz
Eisgrabenstraße 1
97647 Hausen

**UNESCO-Bio-
sphärenreservat Rhön**
Bayerische Verwaltung
Unterelsbacher Straße 4
97656 Oberelsbach
09774 910260
www.biosphaerenreservat-
rhoen.de

GESUNDE KREISLÄUFE ERHALTEN

Streifzug durch das Biosphärenreservat Rhön

Als offiziell bereits wieder zusammengehörte, was noch zusammenwachsen musste, setzte die UNESCO ein Zeichen in der Rhön. Es war die Ernennung zum Biosphärenreservat im Jahr 1991. Noch heute streitet man in der Rhön darüber, ob es dafür wirklich drei Verwaltungen braucht. Doch das Biosphärenreservat erstreckt sich über drei Bundesländer, die alle eigene Bestimmungen und Voraussetzungen haben. Wichtig zu erwähnen ist, dass es nicht die ganze Rhön umfasst. Randbereiche wie Bad Königshofen, Meiningen, Bad Salzungen oder Fulda zählen nicht dazu. Trotzdem entspricht die Fläche des Biosphärenreservats ungefähr der Größe des Saarlands.

Durch die ehemalige Randlage ist die Naturlandschaft einigermaßen intakt. Deren heimatverbundene Einwohner halten weitgehend an der Landwirtschaft fest. Damit ist die Kulturlandschaft positiv geprägt, wenngleich auch in unterschiedlichen Organisationsformen. Gibt es in Thüringen Agrar-Großbetriebe, so zeichnet sich Bayern durch Nebenerwerbslandwirtschaft aus. Das Kerngebiet, die Hohe Rhön, weist neben Buchen- und Laubwäldern offene Landschaftsflächen aus, die Pate standen für den Tourismusnamen *Land der offenen Fernen*. Die Holzwirtschaft hatte schon vor Jahrhunderten zur Entstehung von Weide- und Grasflächen beigetragen. Innerhalb der Kernzone sind auch Moore angesiedelt. Die Artenvielfalt ist reich. Der Duden spricht bei »Biosphäre« von einem Lebensraum. Innerhalb dieses grundsätzlich intakten Bereichs warten viele Herausforderungen. Die Rhön weist zehn unterschiedliche Landschaftsformen aus: vom Ackerland über Streuobstwiesen, Fels- und Blockhalden bis zu Städten und Ortschaften oder Grünland, Gewässern und Wäldern. Darin gedeiht eine Pflanzenvielfalt, leben viele Tiergattungen und ist der Mensch zu Hause. Das Zusammenleben funktioniert aber nur, wenn sich die Einzelelemente in einem gesunden Gleichgewicht befinden. Das will nicht nur erforscht, sondern muss auch umgesetzt werden.

Die Nichtbewirtschaftung von Streuobstwiesen hat Einfluss auf Pflanzen, Vögel und Insekten, und auch wir Menschen beeinflussen das Gleichgewicht. Jetzt aber weg von der Theorie, denn das Biosphärenreservat hat viel bewegt, und manches ist noch in Arbeit. Der Schutz von Rotmilan und Birkhuhn ist eines der Leuchtturmprojekte. Außerdem will man den ursprünglichen Baumbestand aus Buchen und anderen Laubbäumen wiederherstellen. Das bedeutet, dass im Verlauf der nächsten Jahre punktuell Nadelwald abgeholzt und durch den ursprünglichen Baumbestand ersetzt werden soll. Erst dann kann die Waldfläche geschützt werden. Alte Haus- und Nutztierrassen sollen wieder verstärkt heimisch werden. Dazu gehören unser Botschafter das Rhönschaf und sein Aufpasser der Altdeutsche Hütehund. Aber auch Rinderrassen wie das Gelbe Frankenvieh und das Rote Höhenvieh, die Thüringer Waldziege und die Bayerische Landgans sollen verstärkt gezüchtet werden. Landwirte müssen von der Notwendigkeit dieser Vorhaben überzeugt werden. Man muss dafür sorgen, dass sich die Zucht lohnt. Den Bauern will man zum Beispiel mit der Rhöner Apfelinitiative zum Erhalt von Streuobstwiesen und einem mobilen Käsereiprojekt zusätzliche Einnahmequellen eröffnen und damit den natürlichen Kreislauf fördern. Wer Schafskäse in der Direktvermarktung erfolgreich verkauft, ist auch bereit, den Schafbestand zu erhalten. So simpel ist das.

Die Herausforderungen eines Biosphärenreservats sind groß. Es soll ja kein Naturschutzgebiet eingerichtet, sondern ein natürlicher Kreislauf gefördert oder wiederhergestellt werden. Damit soll das, was die Rhön als Natur- und Kulturlandschaft ausmacht, für die Zukunft erhalten bleiben oder neu aufleben. Auch wir, als Rhönbesucher, werden damit Nutznießer einer besonderen und einzigartigen Kulturlandschaft.

Es werden viele Veranstaltungen und Führungen durch das Biosphärenreservat angeboten. Das Programm ist in allen Tourist-Informationen der Region erhältlich.

3

Gefährdet, aber typisch für die Rhön: die Silberdistel. Etwa auf dem **Ostheimer-Wanderweg** zu entdecken
Startpunkt: Parkplatz Burgstraße
97645 Ostheim vor der Rhön
www.ostheimrhoen.de

UNESCO-Biosphärenreservat Rhön
Bayerische Verwaltung
Oberwaldbehrunger Straße 4
97656 Oberelsbach
0931 3801665
www.biosphaerenreservat-rhoen.de

SILBERDISTEL UND QUELLSCHNECKE

Pflanzen und Tiere im UNESCO-Biosphärenreservat Rhön

Das Rhönschaf steht zwar als tierischer Botschafter ganz vorn, aber es könnte auch in anderen Lebensräumen prima überleben. Dies gilt jedoch nicht für alle Tiere in dieser sehr ursprünglichen Natur. Das Birkhuhn, das sonst nur noch in den Alpen vorkommt, lebt hier, außerdem der Schwarzstorch und der Rotmilan. Letzterer ist der größte in der Rhön beheimatete Greifvogel mit einer Flügelspannweite von bis zu 1,70 Metern. Er wird von Naturschützern in einem besonderen Projekt betreut. Nachgewiesen für die Region ist inzwischen auch wieder die Wildkatze. Eine etwas kleinere Tierart und sicher nur für Kenner auszumachen ist die Alpenspitzmaus, die außerhalb der Alpen nur noch in der Rhön existiert. Stark gefährdete Tiere in Deutschland sind Reptilien. Nicht so in der Rhön. Blindschleiche und Ringelnatter sind in diesem Landstrich heimisch, und in den Mooren wurde sogar, als einzige deutsche Giftschlange, die Kreuzotter nachgewiesen. Einzigartig in der Rhön ist die Rhön-Quellschnecke. Trotz ihrer geringen Größe von nur zwei Millimetern ist sie sehr anspruchsvoll und reagiert empfindlich auf die Zerstörung von Quellbiotopen, wie das bei der Fassung von Quellen geschieht. Ihr Vorkommen ist deshalb inzwischen fast ausschließlich auf die Hohe Rhön beschränkt.

Die Silberdistel steht, ähnlich wie das Schaf, für die Rhön. Sie steht auf der Roten Liste der 106 gefährdeten Pflanzenarten, die hier heimisch sind. Regional auf die Moore beschränkt ist zum Beispiel die Karpatenbirke. Aber auch der Ackerrittersporn, die Echte Betonie oder der Deutsche Enzian zählen zu den bedrohten Pflanzenarten, die in der Rhön noch zu finden sind. Es ist eine der Aufgaben des Biosphärenreservats Rhön, diese Vielfalt zu erhalten. Bliebe noch zu erwähnen, dass die Rhön eines der orchideenreichsten Mittelgebirge Deutschlands ist.

Eine ausführliche Beschreibung von bedrohten Tieren und Pflanzen findet sich auf der linksstehenden Homepage des Biosphärenreservats Rhön.

Kolb's Bio-Hof
Friedhofsweg 4
97656 Oberelsbach-
Ginolfs
09774 8186
www.rhoenschaf-laden.de

DAS RHÖNSCHAF ALS HERZENSSACHE

Kolb's Bio-Hof in Ginolfs

Als großes Geschäft würde Josef Kolb seine Schafherde sicher auch heute nicht bezeichnen. Aber er gehört zu den Rettern des Rhönschafs. Als der BUND im Jahr 1985 das Projekt Rhönschaf startete, wurde ihm die 41-köpfige Rhönschafherde zur Zucht und Erhaltung der Rasse übertragen. Heute umfasst seine Herde über 400 Tiere, der artgerechte Schafstall für den Winter ist neu, und die Schäferei ernährt ihn und seine Familie. Damals, so erzählt er im Rhönschafladen auf seinem Hof in Ginolfs, wollte keiner mehr Schafe züchten. Es sei unrentabel gewesen. Die Aufgabe war also ein Risiko. Aber die Rhön ohne Rhönschaf, da wäre ökologisch viel zerstört worden. Die Idee war so simpel wie einleuchtend. Das Schaf hegt unbewirtschaftete Flächen und betreibt Landschaftspflege. Der Schäfer erhöht den Bestand und verkauft das Fleisch an die Gastronomie. 1999 stellte Josef Kolb auf ökologischen Landbau um. Tierschutz durch Tiervermarktung, das musste er den Gastwirten der Region erst einmal klarmachen. Jürgen Krenzer aus Seiferts war der Erste, der einstieg, und langsam entwickelte sich das Projekt.

»So weit die Theorie, jetzt fahren wir zur Herde«, sagt Kolb. Zwischenstation ist der Stall, außerhalb des Dorfs. Muttertiere und Lämmer leben hier, im Winter alle Tiere. Gefüttert werden sie mit Biofutter. Die eigentliche Herde steht oberhalb des Dorfs. Die Schafe sind den ganzen Sommer draußen, in luftiger Höhe. Der Blick über die Berge und in die Täler des Grabfelds ist fantastisch.

Kolb vermarktet die Lämmer. Nach acht Monaten wird geschlachtet. Fleisch, Wurst, Wollwaren, Fell, alles ist im Rhönschafladen erhältlich, der gleichzeitig als Dorfladen für die Anwohner dient. Natürlich beliefert Kolb auch Restaurants. Der Kreislauf wurde geschlossen, das Rhönschaf gerettet.

Urlaubsgäste können Betrieb und Schafherde ansehen. Dabei erfährt man alles rund ums Rhönschaf. Kinder können selbstverständlich mit zur Herde.

5

Alles Wissenswerte rund ums Rote Moor erfahren Sie beim
NABU-Haus am Roten Moor
Wanderparkplatz »Moordorf« an der B 278
36129 Gersfeld
09772 930517
www.nabu-hausamroten-moor.de

PARADIES IN RENATURIERUNG
Rundgang durch das Rote Moor

Die Ankunft am Parkplatz Moordorf an der B 278 zwischen Ehrenberg und Bischofsheim ist noch wie bei jedem beliebigen Waldparkplatz: reichlich Fahrzeuge, eine geteerte Fläche. Der Tag meines Besuchs ist ein wirklich heißer. Noch ein Schluck aus der Wasserflasche, und mit dem Wissen, bei meiner Rückkehr einen schwarz lackierten Glutofen vorzufinden, überquere ich die Landstraße und wandere durch den kühlen Wald. Das Paradies erreiche ich nach etwa zehn Minuten. Ich stehe am Moorteich und versuche, ein Stockentenpaar im Schilf zu fotografieren. Das Klicken des Kameraverschlusses scheucht die Vögel auf und ich stelle fest: »Mein Gott, ist das ruhig hier.« Es ist Dienstagnachmittag, und am Ende meines Rundgangs werden mir gerade mal zwei Personen begegnet sein. Zu hören ist nur das Rauschen des Windes in den Karpatenbirken, die links und rechts vom durch das Moor führenden Bohlenweg stehen, und Vogelgezwitscher. Als Nicht-Ornithologe bleibe ich die Antwort schuldig, ob es sich um den Ruf von Sumpfrohrsänger, Kiebitz oder Waldschnepfe handelt. Eine knappe halbe Stunde bin ich unterwegs bis zum Aussichtsturm. Von dort aus hat man einen guten Ausblick auf den Teil des Moores, der renaturiert wird.

Das Rote Moor war lange ein Sorgenkind. Das, was nach der Eiszeit vor etwa 12.000 Jahren wuchs, wurde in knapp 175 Jahren fast ruiniert. Der Abbau von Torf dauerte bis 1984 an, doch bereits fünf Jahre zuvor hatte man mit der Rettung des Moors begonnen. Durch den aufgestauten Moorteich kam die Feuchtigkeit zurück. Das Moor wurde als Naturschutzgebiet ausgewiesen und ist heute ein wesentlicher Bestandteil des Biosphärenreservats Rhön. Ein Moorlehrpfad informiert mit Schautafeln über Umweltschutz, Flora und Fauna. Er lädt im Sommer Wanderer und im Winter Skilangläufer zur Erkundung des Roten Moores ein.

Von Anfang Mai bis Ende Oktober werden dienstags geführte Wanderungen durchs Rote Moor angeboten. Startpunkt ist der Parkplatz Moordorf.

NATURSCHUTZGEBIET "LANGE RHÖN"

Dieses Gebiet dient dem Schutz vieler vom Aussterben bedrohter Tiere und Pflanzen. Durch rücksichtsvolles Verhalten können Sie mithelfen, diesen Lebensraum zu erhalten.

Parken Sie daher nur auf ausgewiesenen Parkplätzen.

Befahren Sie nur die öffentlichen Straßen.

Bleiben Sie als Wanderer auf den markierten Wanderwegen.

Fahren Sie mit Skiern nur auf den markierten Loipen.

Führen Sie Ihren Hund an der Leine.

Zuwiderhandlungen werden mit Geldbußen geahndet. (Verordnung für das Naturschutzgebiet "Lange Rhön")

Landratsamt Rhön-Grabfeld

6

Startpunkt für den **Naturlehrpfad Schwarzes Moor** und Anlaufstelle für Informationen darüber ist die **Infostelle am Schwarzen Moor**
Schwarzes Moor 1
97650 Fladungen
09778 748516
www.biosphaerenreservatrhoen.de

INTAKT UND WANDERBAR
Naturlehrpfad Schwarzes Moor

Die Hochrhönstraße führt direkt bis zur Infostelle Schwarzes Moor. Wer hier sein Auto abstellt, ist nur noch wenige Meter vom Beginn des Moorlehrpfads entfernt. Der ist gut ausgebaut. Ein Bohlenweg führt den Besucher zu den wichtigsten Stellen eines der bedeutendsten Hochmoore in Mitteleuropa. Dass es, im Gegensatz zum Roten Moor, noch völlig intakt ist, liegt daran, dass es bereits 1939 zum Naturschutzgebiet erklärt wurde. 66 Hektar Fläche, die jetzt schon über 70 Jahre sich selbst überlassen sind, garantieren das perfekte Moorerlebnis mit einer Torfdecke von über sechs Metern in der Mitte.

Der romantische Schauer eines Moores entwickelt sich vermutlich erst während der rund 200 jährlichen Nebeltage, wenn Schwaden über das Gelände ziehen. Keine Angst, auf dem Bohlenpfad ist man trotzdem sicher. Bei Schnee- und Eiswetterlage wird er allerdings gesperrt. Als ich dort war, herrschte Hochsommer, und der Gang über den rund zwei Kilometer langen Pfad war ein Klacks. Die wenig bewachsene Fläche am Beginn des Weges mit Aussichtsturm wirkt erst einmal langweilig. Der Charme entfaltet sich erst, wenn man ein Stück gegangen und hinter dem abschirmenden Wäldchen angelangt ist. Hier wird es erkennbar feuchter. Am Lehrpfad befindet sich auch ein künstliches Moorbecken zum Stapfen im Matsch. Eine Fußwaschanlage ist im Sommer vorhanden. Wer nicht so weit gehen möchte, kann den 2007 erbauten Aussichtsturm erklimmen und sich von dort ein Bild machen.

Wer Glück hat, sichtet im Moor das vom Aussterben bedrohte Birkhuhn oder auch mal einen Fuchs, Baummarder oder Iltis. Am Himmel sieht man den Rotmilan. Mit 1,70 Metern Flügelspannweite ist er der größte Greifvogel der Rhön. Es gibt sogar Kreuzottern, die einzige giftige bei uns beheimatete Schlangenart. Der Lehrpfad vermittelt Flora und Fauna eindrücklich, und der Ausflug ist perfekt.

Von Mai bis September werden Führungen durchs Moor angeboten. Das Infozentrum *Haus der Langen Rhön* in Oberelsbach gibt Auskunft unter 09774 910260.

7

Neidhartshausen
Startpunkt Fledermaus-
pfad: Parkplatz an der
Propstei
Goethestraße
36466 Dermbach-Zella

Informationen:
Gemeinde Dermbach
Hinter dem Schloß 1
36466 Dermbach
036964 880
www.dermbach.de

TANZ DER FLEDERMÄUSE
Das Fledermausdorf Neidhartshausen

Es ist wenig bekannt über den etwas verschlafenen Ort Neidhartshausen im Feldatal. Eine Burg aus der Zeit um das Jahr 450 gab es einst, Überreste davon finden sich jedoch keine. Die Dorfchronik weist einige Bauernhaus- und Scheunenbrände im 19. und 20. Jahrhundert aus. Das Örtchen hat um die 350 Einwohner. Diesen steht eine mindestens doppelt so große Fledermauspopulation gegenüber. Unter dem Dach der Ortskirche befindet sich die Wochenstube des Großen Mausohrs, und auch in der Fachwerkstraße, mit elf aneinandergebauten Scheunen, sind die Fledertiere zu Hause.

Angesichts der großen Zahl hat man sich der Fledermäuse in Neidhartshausen angenommen. Tierschützer und NABU-Mitglieder sorgen seit geraumer Zeit für ihren Schutz und fordern auch die Dorfbewohner auf, eine fledermausfreundliche Umgebung zu schaffen. Naturschützer konstatieren, dass die Umgebung des Feldatals ökologisch sehr gut intakt sein muss, denn Pestizide in der Landwirtschaft und giftige Holzschutzmittel sind verantwortlich für den reduzierten Bestand der Tiere in vielen Regionen.

Seit einigen Jahren versucht Neidhartshausen, aus den fliegenden Mitbürgern touristisch ein wenig Kapital zu schlagen. Tagsüber kann man sich auf dem Fledermauspfad mit ihnen vertraut machen. Auf dem knapp zwei Kilometer langen Weg nach Zella gibt es Schautafeln und kleine holzgeschnitzte Reliefs.

Abends werden Ortsführungen rund um die Fledermaus angeboten und man begibt sich mit geschulten Führern auf die Suche nach dem »Vampir von morgen«. Mit sogenannten Bat-Detektoren wird die Echoortung der Fledermäuse hörbar gemacht. Das Projekt wird artenschutzgerecht betreut. Biologe Martin Biedermann kümmert sich um alle Vorhaben und um die »große Wochenstube« über der Kirche. Im Lauf von 15 Jahren ist diese von 250 auf über 800 weibliche Tiere gewachsen.

Individuelle Führungen ab zwei Personen gibt es nach Vereinbarung mit Gästeführerin Frau Markert (036964 93635).

8

Rhönkulturgarten
Hohe Geba
98617 Rhönblick-Geba
www.hohe-geba.de

DIE RHÖN IM KLEINEN

Rhönkulturgarten auf der Hohen Geba

Der Rhönkulturgarten ist ein besonderes Projekt. Wer Flora und Geologie des Mittelgebirges Rhön entdecken will, ist hier goldrichtig. Auf dreieinhalb Hektar konzentriert, lässt sich ein großer Teil der gefährdeten Pflanzenarten der Rhön begutachten. Es sind zudem Steinhügel aufgetürmt, die einen Einblick in die Bodenstruktur dieses Landstrichs geben. Dennoch ist es kein Lehrpfad. Viele Dinge stechen nicht auf den ersten Blick ins Auge, aber das ist Absicht. Es soll ein Garten im besten Sinne sein. Entspanntes Spazierengehen, sich erholen und dabei Informationen aufnehmen.

Zur Zeit der Sperrung des Berges durch die sowjetische Armee wurde auf dem Gelände eine Radarstation betrieben. Auf den Hügeln standen Kettenfahrzeuge mit Überwachungstürmen. Heute befindet sich hier der unscheinbare Eingang zum Rhönkulturgarten mit Schutzhütte und gleich links eine Minikeltensiedlung. Ich laufe einfach los, bin fasziniert von den Distelpflanzen im vorderen Bereich und erreiche wenig später eine Art Streuobstwiese. Die Anpflanzung unterschiedlicher alter Apfelsorten zeichnet die Wiese aus. Hier sehe ich dann die ersten Beschriftungen. Nun bin ich kein Botaniker, und deshalb fällt es mir schwer, alle Halme und Kräutlein zuzuordnen. Dem Garten täte es im Sinn seiner Aufgabe gut, wenn einige Schilder mehr aufgestellt würden. Immerhin die lila blühende Echte Betonie kann ich ausmachen. Sie ist ein typischer Vertreter auf dem nährstoffarmen Boden der Rhön. Nichtsdestotrotz gehen ihre Bestände stark zurück.

In einiger Entfernung auf der rechten Seite ragt ein Exradarhügel in den Himmel. Ich steige hinauf, um den Ausblick zu genießen. Es ist still und die Abendsonne scheint. Die Hohe Geba, lese ich später, sei das verkleinerte Abbild der Hohen Rhön. Wenn ich mich an die Aussicht erinnere, kann ich nur sagen: stimmt. Und schön ist sie.

Die Hohe Geba ist ein guter Ausgangspunkt für weitere Naturwanderungen durch die thüringische Rhön.

HIER IN DER RASTENTEN LABT DIE QUELLE
DEN FULDA DIE MIT KLARER WELLE
DEN BERGGRUSS RAUSCHEND TRÄGT EINHER.
SIE WÄCHST ZUR WETRA HINGEZOGEN,
ZUM DEUTSCHEN STROM UND SENET DIE WOGEN
AUS WESER SCHIFFSTEDT INS MEER.

9

Die Anfahrt zur **Wasser-kuppe** erfolgt gut beschildert von 36129 Gersfeld aus über den Hochrhön-ring.

Fuldaquelle
Wasserkuppe
36129 Gersfeld
www.wasserkuppe.net/
fuldaquelle

POETISCHER FLUSS

Fuldaquelle auf der Wasserkuppe

Die Fulda ist nicht nur der längste Fluss Hessens, sondern wohl auch der poetischste. Ich glaube nicht, dass es ein weiteres Gewässer gibt, das an seinem Anfang wie auch am Ende über ein Gedicht auf einer großen Tafel verfügt. Die Poesie des Zusammenflusses, »Wo Fulda sich und Werra küssen, sie ihren Namen büssen müssen …«, gehörte zum festen Bestandteil der Heimatkunde. Aber in der Rhön konnte ich auch ein Fuldaquellen-Gedicht lesen: »Hier halte Rast! Dich labt die Quelle der Fulda, die mit klarer Welle den Berggruß rauschend trägt einher, sie wächst zur Werra hingezogen, zum deutschen Strom und senkt die Wogen als Weser schiffbelebt ins Meer.«

Wer diese Zeilen unterhalb der Wasserkuppe liest, hat vielleicht schon einen Schluck Quellwasser getrunken. Dann gehört er meist zu den Wanderern oder Radfahrern, die kurz nach dem Start oder vor dem Ziel eine Erfrischung brauchen. Die Quelle ist auch mit dem Auto problemlos erreichbar und liegt, gut beschildert, gegenüber einer großen Parkfläche an der Straße von Gersfeld zum höchsten hessischen Berg. Streng genommen gibt es zwei Fuldaquellen, die nicht ganz echte bekam vor vielen Jahren vom Rhönclub ihre repräsentative Einfassung und die Gedichttafel. Die wirkliche Fuldaquelle liegt höher, knapp unterhalb des Berggipfels. Sie wurde zur Trinkwasserversorgung genutzt, als man mit der Bebauung der Wasserkuppe begann. Das Wasser des Überlaufs wurde per Rohrleitung an die heutige Stelle geführt. Aber sei es drum, wer keine wirkliche Mündung hat, braucht auch keine echte Quelle. Die namensgebende Stadt ist von diesem Ort rund 30 Kilometer entfernt und liegt knapp 700 Höhenmeter tiefer.

Die erwähnten Radfahrer kommen nicht von ungefähr zur Fuldaquelle, denn hier beginnt der Fulda-Radweg-R1. Begeisterte Sportler radeln ihn gerne in seiner ganzen Länge von 255 Kilometern ab.

Die *Extratour Guckaisee* des Hochrhöner und der *Rundwanderweg Wasserkuppe* führen Wanderer ebenfalls an der Fuldaquelle vorbei.

10

Sternenwanderungen werden organisiert vom Verein Sternenpark Rhön e.V.
www.verein-sternenpark-rhoen.de

Informationen:
Sternenpark im UNESCO-Biosphärenreservat Rhön
Wörthstraße 15
36037 Fulda
0800 9719772
www.sternenpark-rhoen.de

SCHUTZ UND ERLEBNIS DER NACHT
Sternenpark im UNESCO-Biosphärenreservat Rhön

In weiten Teilen Deutschlands und der ganzen Welt herrscht Lichtverschmutzung. Künstliches Licht hellt den Nachthimmel unnatürlich auf. Die Rhön bildet in einigen Gebieten eine Ausnahme und besitzt natürliche Nachtlandschaften. Bei klarem Himmel kann man nicht nur zahlreiche Sterne sehen, eine dunkle Nacht schützt zudem den Lebensraum von Pflanzen und nachtaktiven Tieren. Ein Sternenpark soll diese Gebiete schützen, was in Zeiten von exzessiver Straßenbeleuchtung und Industriegebieten, in denen rund um die Uhr gearbeitet wird, nicht einfach ist. Zusätzliches künstliches Licht soll in der Rhön möglichst gar nicht, oder wenn, nur unter strengen Auflagen, zugelassen werden.

2014 wurde der Sternenpark im Biosphärenreservat Rhön offiziell von der *Dark-Sky Association* anerkannt. Seitdem versucht man den Spagat zu meistern zwischen Lichtberatung von Gemeinden und Privatfirmen sowie touristischer Nutzung zur Aufklärung, Information und zum Vergnügen. Dazu ist unter anderem der *Verein Sternenpark Rhön* gegründet worden. Zertifizierte Führungen bieten Sternguckerwanderungen, eine Mondbeobachtung und zum Beispiel eine Nachttour auf die Milseburg und zum dortigen Keltenwall. Bei klarer Witterung lässt sich von der Wasserkuppe, der hohen Geba oder aus dem Schwarzen Moor und der Langen Rhön der Nachthimmel betrachten. Für nächtliche Alleinwanderer gibt es zahlreiche Broschüren zur Anleitung.

Auf der Internetseite des Sternenparks bekommt man gute Tipps für den richtigen Zeitpunkt der Himmelsbeobachtung, die jahreszeitlich korrekten Sternkarten und kleine Ratschläge, wie man seine Augen am besten an die Dunkelheit gewöhnt: Rote Filterfolie auf die Taschenlampe zu kleben verhindert, dass sich der Gewöhnungseffekt der Augen immer wieder verzögert. So wird die Rhön in tiefer Nacht zum idealen Lieblingsplatz für Sterngucker.

Ein Flyer mit den wichtigsten Informationen und Tourenangeboten steht Interessierten auf der Homepage des Sternenparks zum Download bereit.

11

Fliegerschule Wasser-kuppe
Wasserkuppe 1a
36129 Gersfeld
06654 364
www.fliegerschule-
wasserkuppe.de

Papillon-Wasserkuppe
Wasserkuppe 46
36129 Gersfeld
06654 7548
www.wasserkuppe.de

HÖHENFLÜGE ALLER ART
Wasserkuppe – »Berg der Flieger«

Wer ein Fan von Höhenflügen ist, der kann mit einem Ausflug auf die Wasserkuppe nichts falsch machen. Hessens höchste Erhebung und gleichzeitig der höchste Berg der Rhön überragt mit seinen 950 Metern das Mittelgebirge nur unmerklich. Je nach Perspektive sieht der 75 Meter niedrigere benachbarte Pferdskopf sogar höher aus. Vielleicht liegt es daran, dass die Wasserkuppe ein Hochplateau ist ohne wirklichen Gipfel. Genau das ist jedoch ein Glück für alle, die von hier abheben möchten.

Auf den ersten Blick ist die Wasserkuppe ein typischer Ausflugsberg. Restaurants, Imbiss, Andenkenladen und ein SB-Restaurant im Flugplatzgebäude. Halt, hier wird es anders. Dem Namen »Berg der Flieger« wird die Wasserkuppe wahrlich gerecht. Alles fing 1910 an. Da starteten Schüler aus Darmstadt die ersten Flugexperimente. Ein Jahr später reichte es schon zum ersten Flug, und 1922 eröffnete die erste Segelflugschule der Welt. Heute geht flugtechnisch eine Menge mehr. Die Segelflieger werden auf der geteerten Startbahn von kleinen Motorflugzeugen in den Himmel gezogen. Bei guter Thermik stauen sich Flugzeuge und Piloten, die nach oben transportiert werden wollen. Segelflugzeuge üben eine besondere Faszination aus, wenngleich die Furcht vorm Absturz bei den Zuschauern oft überwiegt. Wer sich aber traut einzusteigen, wird überwältigt sein von der großen Ruhe, die am Himmel herrscht, wenn man ohne Antrieb und nur mithilfe der Thermik unterwegs ist. So zumindest erging es mir bei meinem ersten Flug. Die Segelflugschule bietet für alle Neugierigen selbstverständlich Rundflüge an. Wahlweise geht es mit einem der kleinen Motorflugzeuge oder mit einem Segel-Doppelsitzer nach oben, und man wäre nicht der erste Mitflieger, der im Anschluss eine Ausbildung beginnt. Natürlich kann hier auch das Motorfliegen erlernt werden. Für diejenigen, die lieber am Boden bleiben, werden Kurse im Modellfliegen angeboten. Da kann jeder mitmachen. Schaden an Leib und Seele ist ausgeschlossen.

Übertroffen wird die Fliegerei von den echten Abenteurern, die sich mit Hängegleitern in die vermeintliche Tiefe stürzen. Begeisterte

Drachenflieger meinen, auch das sei risikoarm. Immerhin schaut die Flugschule Papillon auf erfolgreiche Ausbildungsjahre zurück. Man habe einige Meister des Sports fit gemacht. Bliebe noch zu erwähnen, dass auch die Technik des Gleitschirmfliegens erlernt werden kann. Kein Absturz in rund 40 Jahren, betont man. Ich konnte mich trotz großzügigen Angebots nicht einmal zu einem Tandemflug durchringen.

Auch wer sicheren Boden unter den Füßen vorzieht, kann einiges unternehmen, Wandern oder Spazierengehen zum Fliegerdenkmal. Es erinnert zwar an abgestürzte Piloten, allerdings nicht an Segelflieger, sondern an die Feldpiloten des Ersten Weltkriegs. 1923 eingeweiht, steht es heute eher am Rande der Wasserkuppe. Die Spitze der aufgetürmten Basaltsteine krönt eine Adlerplastik. War das Denkmal während der Nazizeit ein Heiligtum, so diente es nach 1945 US-Soldaten als Ziel für Schießübungen. Bei einer Instandsetzung des Adlers mussten 69 Durchschüsse geflickt werden.

Wer rodeln möchte, kann das auf der Wasserkuppe auch im Sommer. Die *Ski- und Rodelarena Wasserkuppe* bietet unterschiedliche Attraktionen. Auf der Sommerrodelbahn saust man mit einem Spezialschlitten etwa 700 Meter ins Tal. Da die beiden Metallkanäle parallel verlaufen, sind sogar Wettfahrten möglich. Der einen Kilometer lange Rhönbob fährt auf Schienen um reichlich Kurven und über Wellen. Auch im Hexenbesen geht's wild her. Der Zweisitzer hängt an einer Schiene und bewegt sich während der Fahrt in alle Richtungen. Natürlich ist ein ausgefeiltes Sicherungssystem vorhanden. Im Vergleich zu Karussells auf dem Rummel ist die Rodelarena ein preiswertes Vergnügen.

Wer vom Freiluftvergnügen Hunger bekommen hat, findet im nahe gelegenen Restaurant Peterchens Mondfahrt eine ausgezeichnete Küche und nettes Personal.

11

Älteste Segelflugschule
der Welt: **Flugplatz
Wasserkuppe**

Reichlich Vergnügen am
Boden bietet die
**Ski- und Rodelarena
Wasserkuppe**
Wasserkuppe 60
36129 Gersfeld
06654 632
www.sommerrodelbah-
nen-wasserkuppe.de

12

**Stiftung Deutsches
Segelflugmuseum mit
Modellflug**
Wasserkuppe 2
36129 Gersfeld
06654 7737
www.segelflugmuseum.de

GRANDIOSE SPORTGESCHICHTE

Deutsches Segelflugmuseum

Für Freunde des Segelflugs ist die Wasserkuppe das Mekka schlechthin, denn hier begann alles offiziell. Einer Gruppe von Gymnasiasten aus Darmstadt wird die Pionierleistung zugeschrieben. Angeregt durch eine Luftfahrtausstellung in Frankfurt entdeckten sie die Wasserkuppe als idealen Startplatz. Dort stellten sie dann 1912 den ersten Streckenweltrekord im Segelfliegen auf: 842 Meter in 110 Sekunden. In den Versailler Verträgen von 1919 hatte man den Deutschen das Motorfliegen verboten, und so besannen sie sich auf das Gleiten. Flugpionier Arthur Martens, der zu Kriegszeiten im Geschwader des »Roten Barons« Manfred von Richthofen geflogen war, gelang 1922 der erste Gleitflug von über einer Stunde. Begeistert gründete er die welterste Segelflugschule. Der Mythos der Wasserkuppe als »Berg der Flieger« war begründet.

Im Deutschen Segelflugmuseum lässt sich die Geschichte von den ersten Experimenten bis zu den modernen Hochleistungsfliegern nachvollziehen. Ich war begeistert, als ich die rund 4.000 Quadratmeter großen Ausstellungshallen betrat, und gleichzeitig erschlagen von der Menge der Objekte. Überall stehen oder hängen Flugzeuge. Viel wichtiger ist allerdings, dass ich hier zum ersten Mal richtig verstanden habe, wie Fliegen physikalisch funktioniert.

Spannend ist, dass man nicht nur an Schaubildern und kleinen Modellen vorbeigeht. Das Museum hat es geschafft, den Großteil historischer Originalflugzeuge zu ergattern und daraus die Ausstellung zu kreieren. Für Segelflieger ist diese Wanderung durch die technische Entwicklung eine Sensation, denn nirgendwo sonst auf der Welt finden sie die Geschichte ihrer Leidenschaft so konzentriert auf einem Fleck. Aber auch der Laie, der vom gegenüberliegenden Flugplatz hereinkommt, wird staunen über die Entwicklung, die dieser Sport in über 100 Jahren genommen hat.

Prominentester Besucher des ersten Museums war 1970 Astronaut Neil Armstrong. Die daran erinnernde Gedenkplakette findet sich am heutigen Museumseingang.

13

Ski- und Rodelarena Wasserkuppe
Wasserkuppe 60
36129 Gersfeld
06653 632
www.skilifte-
wasserkuppe.de

Ski- und Snowboard-schule
Wasserkuppe 46
36129 Gersfeld
06654 9175810
www.skischule-
wasserkuppe.de

GANZ IN WEISS

Winterfreizeitparadies Wasserkuppe

Vorweg gesagt, die Rhön ist ein Mittelgebirge. Allerdings ist sie auch ein Kälteloch mit reichlich Niederschlägen. Wenn es schneit, dann richtig. Der Winter in der Rhön ist zudem bekannt für seine Inversionswetterlage, so ragen mitunter die Berge mit den Wintersporteinrichtungen aus den Wolken. Während man im Tal friert, kann man auf der Wasserkuppe dann in der Sonne sitzen oder aktiv sein.

Seit 1963 frönt man dem Alpinski in knapp 1.000 Metern Höhe. Auf der Panoramaabfahrt nach Abtsroda erwartet die Skifahrer das längste Vergnügen auf rund einem Kilometer. Vier Skilifte und der *Zauberteppich* für Anfänger sorgen für die Rückkehr zum Startpunkt. Boarder sind ebenfalls willkommen. Sie haben die etwas tiefer gelegene Piste am Zuckerfeld zu ihrem Favoriten erklärt. Weitere Liftanlagen der Rhön finden sich abseits von Hessens höchstem Berg auf dem Kreuzberg in Bayern oder der Hohen Geba in Thüringen. Selbstverständlich bietet die Wasserkuppe eine DSV-Skischule. Langläufer wird man mit einem Winteraufenthalt in der Rhön wohl am glücklichsten machen. Auf der Wasserkuppe führt eine Loipe von sieben Kilometern Länge entlang des im Winter zugeschneiten Flugfelds. Die richtig schönen Strecken liegen am Roten Moor. Dort gibt es drei Loipen, die schwierigste ist immerhin acht Kilometer lang. Die längsten Loipen findet man an der Rother Kuppe, unweit des *Rhön Park Hotels* mit 17 Kilometern, die Rundloipe Lange Rhön misst knapp 23 Kilometer. Zahlreiche Wanderwege werden geräumt, und mitunter werden auch Schneeschuhtouren angeboten.

Wenn es um Leistungssport geht, müssen wir zurück auf die Wasserkuppe. Seit 2006 finden dort jährlich internationale Snowkite-Meisterschaften statt. Die Sportler stehen auf Boards oder Skiern und lassen sich von Zugdrachen ziehen. Der Sport ist so beliebt, dass inzwischen Kurse angeboten werden.

Bei guter Schneelage ist es auf der Wasserkuppe an Sonntagen sehr voll. Wer seine Ruhe haben möchte, sollte auf andere Wochentage ausweichen.

14

Gute Fahrt: Die Rhön von oben mit dem **Heißluft-ballon.** Einer der Start-plätze befindet sich bei 36115 Hilders.

Informationen:
www.rhoenline.de/
ballonfahren.html

FESSELND — DIE RHÖN VON OBEN
Ballonfahren in der Rhön

Da werden die offenen Fernen noch wesentlich offener. Ballonfahren passt zur Rhön, ein friedlich vor sich hin schwebender Ballon über einem friedlichen Land. Die Freiheit ist am Himmel zwar nicht grenzenlos, da so ein Ballon keinen Antrieb hat und deshalb die Richtung allenfalls passiv beeinflussbar ist. Im Ballon aber genießt man das Fliegen, das hier Fahren genannt wird, weil ein Ballon leichter als Luft ist, hautnah. Je höher man steigt, desto frischer wird das Gefühl.

Ballonfahren ist mehr als nur einsteigen, abheben und genießen. Immer kriegt man auch eine Einführung und fast immer darf oder sollte man bei den Vorbereitungen helfen, was aber spannend ist. Das Abenteuer beginnt also in der Regel mindestens eine Stunde vor dem Abheben. Der Ballon muss ausgepackt, kontrolliert mit Gas gefüllt und »mit Feuer geweckt« werden, wie die Fachleute sagen. Erst dann wird eingestiegen in den Korb. Man ist an Bord, hebt ab und genießt die Stille, die zugegebenermaßen von Windgeräuschen und dem Rauschen des Gasbrenners unterbrochen wird. Der Blick von oben verzaubert. Die Rhön ist so weit entfernt und doch so nah. Bei kommerziellen Anbietern, es gibt davon einige in der Rhön, ist man in der Regel ein bis zwei Stunden am Himmel unterwegs, und nach der Landung darf man natürlich erneut anpacken, der Ballon muss schließlich wieder eingerollt werden. Wer zum ersten Mal mit am Himmel war, erhält die obligatorische »Ballönertaufe«. Mit einer Taufurkunde wird man dabei als Ballonfahrer geadelt.

Etwas Sportlichkeit sollte man für diesen Anlass mitbringen und mindestens 1,40 Meter groß sein, sonst sieht man nichts. Bei stärkerem Wind muss auch mal mit einer Schleiflandung gerechnet werden. Dabei kann der Korb zur Seite kippen. Rund 180 Euro kostet ein solcher Spaß. Wer ihn erlebt hat, trägt eine bleibende Erinnerung nach Hause.

Wollen auch Sie die Freiheit am Himmel genießen? Seriöse Anbieter von Ballonfahrten in der Rhön finden Sie auf der nebenstehenden Homepage.

15

**Hochrhöner
Rhön Infozentrum**
Wasserkuppe 1
36129 Gersfeld
06654 918340
www.rhoen.de

Der Hochrhöner beginnt in Bad Kissingen beziehungsweise Bad Salzungen und kann in mehreren Etappen begangen werden.

EINFACH ERHEBEND
Premiumwanderweg Hochrhöner

Der Tourismusverband mag es mir nachsehen, dass ich den Werbeclaim »Einfach erhebend« für die Überschrift vorsehe, aber bereits nach den ersten zwei bis drei Kilometern auf dem bekanntesten der Rhöner Wanderwege ging es gut bergauf und mit meiner Kondition steil bergab.

Wer den Hochrhöner komplett abgehen will, braucht Kondition. 180 Kilometer ist der Weg zwischen Bad Kissingen und Bad Salzungen lang. Das Höhenprofil bietet von 150 Metern bis zu 950 Metern auf der Wasserkuppe alles, und »leider« geht es ständig auf und ab. Wie schön die Strecke ist, belegt auch deren Auszeichnung als Deutschlands schönster Wanderweg im Jahr 2010. Bei der Planung eines solchen Wegs liegt natürlich neben der Beschilderung ein besonderes Augenmerk auf der Infrastruktur der Umgebung. Möglichkeiten zum Einkehren und Übernachten gibt es viele. Trotzdem haben die Macher des Wegs darauf geachtet, dass man letztlich nicht von Dorf zu Dorf läuft. Wer den Hochrhöner bezwingt, hat mehr vom »Herzen Deutschlands« gesehen als jeder andere, und trotzdem fehlt noch eine ganze Menge. Deshalb hat man zum Kniff der »Extratouren« gegriffen: 23 weitere Rundwege abseits des Hochrhöners. Hier kommen auch Spaziergänger und Tageswanderer zum Zug. Es handelt sich um Halbtages- und Tagestouren, die ebenfalls als Premiumstrecke zertifiziert sind, einem jedoch nur 6 bis 20 Kilometer in unterschiedlichen Schwierigkeitsgraden abverlangen.

Dem Rhönklub, der immerhin schon über 130 Jahre alt ist, sind die Grundstrukturen zu verdanken. Er hat inzwischen über 25.000 Mitglieder, bietet geführte Wanderungen an und betreibt viele der rund 20 Wanderhütten. Die freiwilligen Helfer sorgen zudem für die Pflege der 6.000 Wanderkilometer. Nach der Vereinigung Deutschlands arbeitete man schnell zusammen und wirbt heute mit dem Slogan: »Drei Länder – ein Rhönklub«.

Hochrhöner-Infos gibt es bei allen regionalen Tourist-Informationen. Auch schön: der Milseburgweg zwischen Fulda und Meiningen (83 Kilometer).

16

Ruine Ebersburg
Neuwart
36163 Poppenhausen

Den Schlüssel gibt es bei
Familie Weichlein
Schafhof 1
36157 Ebersburg
06656 389 oder 8453

Mehr zu den Rittertouren:
www.ebersburg-rhoen.de

RAUBRITTERSCHICKSAL
Ruine Ebersburg

Die Ebersburg liegt etwa sieben Kilometer südwestlich der Wasserkuppe und wurde um das Jahr 1100 erbaut. Warum wurde die Burg zur Ruine? Diese Frage stellt man sich ja gemeinhin beim Besuch solcher Bauwerke. Bei der Ebersburg ist das belegt und hat mit den allmächtigen Fürstäbten von Fulda zu tun.

Die Burgritter, in der Gefolgschaft des Klosters Fulda, wurden von der Kirche bezichtigt, von Raubzügen zu leben. Aus diesem Grund ließ der damalige Fürstabt Bertho II. von Leibolz die Ebersburg im Jahr 1270 zerstören und Ritter Hermann von Ebersberg, trotz Zusage von freiem Geleit, auf dem Fuldaer Marktplatz hinrichten. Seine Brüder Albrecht und Heinrich sowie die Ritter der Umgebung ermordeten Bertho aus Rache, der wegen seiner geringen Körpergröße auch »Abt Fingerhut« genannt wurde. Die Attentäter wurden gefangen und getötet. Der Konflikt hatte sich an vermeintlichen Zahlungsforderungen der Fuldaer Abtei entzündet.

Diese Geschichte im Hinterkopf, habe ich mich an die Eroberung der Burgruine gemacht. Dabei sollte man nicht vergessen, sich vorher den Turmschlüssel auf dem Schafhof der Familie Weichlein auszuleihen und vorher anzurufen, denn der Hof ist etwa zwei Kilometer entfernt. Die Aussicht von oben belohnt für den steilen, wenn auch kurzen Weg zur Ruine. Bei guter Fernsicht sieht man die Berge der Rhön und schaut auf der anderen Seite gen Fulda und Richtung Vogelsberg. Wer mit Kindern unterwegs ist, sollte unbedingt die Ritter-Erlebnistour machen – ein spaßiges Angebot für Groß und Klein, das man mit der Ritter-Entdeckerkarte jederzeit in Angriff nehmen kann. 13 unterhaltsame Stationen warten, darunter Weitsprung- und Zielwurfwettbewerbe. Ausruhen kann man sich unterwegs in einer Hängematte. Der Parkplatz zum Start der Tour liegt neben dem Dorfgemeinschaftshaus von Ebersberg. Die Ritter-Entdeckerkarte gibt es unter anderem bei der Avia Tankstelle in Thalau an der B 279.

Den Schlüssel zur Ruine kann man bei Familie Weichlein ausleihen. Er kostet zehn Euro Pfand plus einen Euro pro Besucher.

17

Liebesweg
Startpunkt: Nach dem
Ortsausgang Richtung
Gersfeld
36163 Poppenhausen

Wer seine Liebe besiegeln
will, kann sich ein Liebes-
schloss kaufen in der
**Tourist-Information
Poppenhausen**
Von-Steinrück-Platz
36163 Poppenhausen
06658 960013
www.poppenhausen-
wasserkuppe.de

»MAN SIEHT NUR MIT DEM HERZEN GUT«

Der Liebesweg

Dieses Zitat von Saint-Exupéry ist gewissermaßen das Leitbild der Attraktion des Luftkurorts. Die Poppenhausener mussten sich manch schlüpfriges Sprachspiel anhören nach dem Beschluss, den *Liebesweg* einzurichten. Man ist »Kummer« gewöhnt und so sagte man: »Jetzt erst recht«, und hoffte Besucher anzusprechen mit den Themen Liebe, Geborgenheit und Vertrauen. Am Beginn des Wegs erwartet mich ein großer Herzbogen aus Metall. Durchsteigen soll man gemeinsam. Schade, heute bin ich allein unterwegs.

Aber egal ob zu zweit oder solo, der Liebesweg verzaubert, allein schon wegen der himmlischen Stille, des Ausblicks auf den Ort und des wahrhaft himmlischen Panoramas in Richtung Wasserkuppe. Die drei Kilometer Fußweg stellen keine besonderen körperlichen Ansprüche. Der Geist soll angeregt werden. Nach wenigen Metern erfährt man die Übersetzung von »Ich liebe dich« in 100 Sprachen. Es folgen Liebeszitate, und dann erreiche ich die Vesperbank. Hier lässt sich, wie an allen anderen Stationen, mit einem Holzpfostenstativ für Selbstauslöserfotos, ein Erinnerungsbild machen. Erholung findet man unterwegs auch auf einer Doppelliege unter Bäumen oder auf einer herzförmigen Ruhebank. Ausruhen, Sinnieren und Verweilen ist das Gebot. Für das »Selfie« bietet sich später noch ein großes Glücks-kleeblatt an, durch das man die Köpfe stecken kann, und natürlich gibt es auch auf dem Liebesweg ein Metallgitter-Herz, an dem sich mitgebrachte oder in der Touristinfo gekaufte Liebesschlösser befestigen lassen. Immerwährende Liebe wird besiegelt, solange das Schloss dort hängt.

Romantisch Veranlagte können den Weg nutzen, um sich an dessen Ende im Hochzeitspavillon trauen zu lassen. Die extra eingerichtete Außenstelle des Standesamts macht es möglich, und wer kann schon behaupten, er habe in Poppenhausen geheiratet?

Der Weg beginnt etwa einen Kilometer hinter dem Ortsausgang in Richtung Gersfeld. – Für Picknickfans gibt es Snacks im Stammhaus der Rhönbäckerei Pappert.

18

Wer bei seinem Ausflug
an den **Guckaisee** Hunger
oder Durst verspürt, kann
sich nebanan stärken in
den **Guckai-Stuben**
Guckai 5
36163 Poppenhausen
06658 9186764
www.guckaistuben-
poppenhausen.de

BADE-, RAST- UND WANDERVERGNÜGEN
Guckaisee

Ein natürlicher See, in dem man im Sommer auch noch baden kann – es gibt kaum Schöneres. Der Guckaisee schmiegt sich, oberhalb von Poppenhausen und unterhalb des Pferdskopf, wundervoll in ein kleines Tal. Vom Ort aus lässt er sich erwandern. Fußfaule oder eilige Menschen erreichen ihn in zehn Minuten Fahrzeit mit dem Auto. Etwas unterhalb gibt es, zumindest an Werktagen, reichlich Parkplätze. Eine der vielen Extratouren des Hochrhöners führt an Hessens höchstgelegenen See.

Angekommen, registriere ich Ruhe und Idylle: Grün sind die Wiesen, grün die Wälder drum herum, und grünlich schimmert auch das Wasser. In heißen Sommern erreicht der See schon mal 22 Grad Wassertemperatur. In der kühlen Rhön und mit 2,50 Meter Wassertiefe ist das durchaus eine Leistung, denn der See wird vom durchfließenden Lütterbach gespeist. Die Liegewiese ist herrlich, es gibt auch Schattenplätze, nur Hundebesitzer sind außen vor, denn See und Freizeitgelände sind für Vierbeiner gesperrt. Schön ist es hier, denke ich, und lasse mich ins Gras sinken, jetzt noch ein Buch und der entspannte Badetag ist perfekt. Vor Kinderlangeweile sind Eltern geschützt, dank eines breiten Badestegs und einer Floßinsel.

Mitten in der Natur gelegen, eignet sich der See zudem zu einem idyllischen Picknick. Inzwischen sind auch die direkt am See gelegenen Guckai-Stuben wieder geöffnet. Neben internationalen Gerichten findet man dort auch leckere Rhöner-Spezialitäten, wie Spatzeklöß und Rhöner Bruzzelfleisch auf der Speisekarte. Auch ein fränkisches Schäufele ist im Angebot. Der Guckaisee wird mit Badespaß, Picknick oder einer zünftigen Einkehr zum echten Freizeitparadies!

Für alle Sommerwanderer mit Erfrischungsbedarf: Eine Extratour des Hochrhöner-Wanderwegs führt direkt zum See. Ein Umweg, der lohnt.

19

Rhön-Lamas, Tiere und Abenteuer
Ludwig-Nüdling-Weg 16
36163 Poppenhausen
06658 1600
www.rhoenlamas.de

UNTERWEGS MIT DEM LAMAFLÜSTERER
Rhön-Lamas

Was bleibt zuerst hängen? Die Erkenntnis, dass Lamas zur Familie der Kamele gehören, und die Erfahrung, dass sich Johannes Nüdling den Beinamen »Lamaflüsterer« wirklich verdient hat. Lamatrekking als Hauptberuf, das mutet seltsam an. Lamatrekking in der Rhön erscheint noch exotischer. Nüdling, gebürtiger Rhöner, macht das mit Leidenschaft. Er legt besonderen Wert auf artgerechte Haltung seiner Lamas. Nur geeignete Tiere gehen mit auf die angebotenen Touren. Das hat ihm die Auszeichnung *Viabono* eingebracht, ein Siegel für qualitäts- und umweltbewusstes Reisen. Reisen ist bei den Touren ein dehnbarer Begriff. Mit den Lamas lassen sich Halbtages- und Tagesausflüge machen, es sind aber auch mehrtägige Touren mit Übernachtung im Angebot. Damit keine falsche Vorstellung entsteht: Man wandert mit den Lamas und reitet nicht auf ihnen.

Start ist meist in Poppenhausen. Wer früh genug da ist, kann die Tiere beobachten, wie sie auf ihrer Weide »entspannen«. Ein friedliches Bild. Die Achtung steigt, wenn es losgeht. Lamas haben eine Schulterhöhe bis 1,40 Meter, der Kopf ist also auf Augenhöhe. Die Frage, die sich aufdrängt, ist die nach dem Spucken. Johannes Nüdling sagt, dass ein artgerecht gehaltenes Tier eigentlich nie Menschen anspucke, das passiere nur unter den Tieren, wenn es um die Herden-Rangordnung gehe. Aggression sei den Lamas fremd, wenn man ihre Persönlichkeit akzeptiere.

Die Halbtagestour zum Guckaisee ist ein sehr entspanntes Erlebnis und besonders gut für Familien mit Kindern geeignet. Hat man Hessens höchstgelegenen Badesee erreicht, wird die Picknickdecke ausgebreitet, und die Tiere laufen frei auf der Wiese. Bei Mehrtagestouren wird am Titicacasee der Rhön, wie Nüdling sagt, auch schon mal ein Zeltlager aufgebaut. Wenn am Abend das Lagerfeuer brennt, kehrt Ruhe ein beim Menschen, übertragen vom Lama.

Touren mit den Rhön-Lamas sind sehr beliebt, eine Voranmeldung ist deshalb Pflicht. Es sind auch Tourgutscheine erhältlich, ein ausgefallenes Geschenk.

20

Steinwand
Startpunkt: Parkplatz am
Gasthaus Zur Steinwand
Steinwand 5a
36163 Poppenhausen
06658 328
www.gasthaus-
zursteinwand.hpage.com

Bergsportschule Rhön
Ahornweg 9
36145 Hofbieber
0171 5324343

Kletterzentrum
Georgstraße 23
36163 Poppenhausen
www.bergsportschule-
rhoen.de

DER KLETTERBROCKEN

Steinwand

Als ich zum ersten Mal unterhalb der Steinwand stand, die dem kleinen Ortsteil von Poppenhausen ihren Namen gab, war ich ganz schön beeindruckt. Vom Parkplatz, hinterm Ortsschild links, erreicht man sie in gut fünf Minuten über einen Waldwanderweg. Die Steinwand sieht von vorn aus, als habe man sie geradewegs aus den Alpen hierher transportiert. 100 Meter lang und fast 30 Meter hoch ist der Phonolith-Felsbrocken. Dem vulkanischen Ursprung der Rhön ist dieser Gigant zu verdanken, der mitten im Wald steht. Drum herum befindet sich sanfte Hügellandschaft. Die Steinwand lässt sich auch von hinten erwandern. Wer nur spazieren gehen möchte, sollte sie von unten bestaunen und trifft mit ein wenig Glück sogar Kletterer.

Die Hochachtung wuchs, als ich erfuhr, dass man an der Wand sogar Bergsteigen lernen kann. Am Morgen meines letzten Besuchs treffe ich ein Ehepaar aus Bad Hersfeld, das hier regelmäßig klettert. Beide schon Anfang 70, halten sie sich im Sommer mit ihren Übungen fit. »Es gibt nichts Besseres für Fitness und Konzentration«, sagen sie mir. Für blutige Anfänger sei die Wand nichts, es gebe jedoch Einführungskurse der Bergsportschule Rhön. Den Anfang mache jeder in der Kletterhalle in Poppenhausen. Mein Staunen nutzen die beiden noch aus, um mir zu erklären, die Wand böte fast alle alpinen Schwierigkeitsgrade an, konzentriert auf kleinster Fläche. In der Bergsportschule sagt man mir später, dass die Steinwand ideal fürs Training sei und dass jeder das Klettern lernen könne. Die Kurse setzten keinerlei Kenntnisse voraus. Man erwarte jedoch Spaß an Sport, Einsatzbereitschaft, Teamgeist und Naturverbundenheit. Von 8 bis 80 könne jeder mitmachen.

Und wer nicht mag, macht einfach einen wunderbaren Waldspaziergang und besieht sich den »Felsgiganten der Rhön« von unten. Macht auch Spaß, ich habe es selbst ausprobiert.

Die Bergsportschule bietet unterschiedlichste Kurse, vom Reinschnuppern bis zum Training für Erfahrene. Es werden auch Kinderprogramme angeboten.

21

Milseburg
Startpunkt Wanderung:
Milseburgstube
Gangolfweg 1
36145 Hofbieber-
Danzwiesen
06657 608565
www.milseburgstube.de

**Tourist-Information
Hofbieber**
Schulweg 5
36145 Hofbieber
06657 9870
www.hofbieber-
tourismus.de

DIE BURG OHNE BURG

Milseburg bei Danzwiesen

Es gibt so schöne Beinamen wie »Perle der Rhön« für die dritthöchste Erhebung der Rhön. Auf dem Basaltberg befinden sich viele Steine, eine Kreuzigungsgruppe und weiter unten die Gangolfskapelle, eine kleine Wallfahrtskirche. Was man nicht findet, ist eine Burg. Die Archäologie weist allerdings eine keltische Ringwallanlage aus, und eine Miniburg, von 21 mal 24 Metern, soll es auch gegeben haben. Den keltischen Anlagen begegnet man auf einem archäologischen Lehrpfad beim Aufstieg.

Der Namensursprung geht wohl auf eine Sage zurück. Ein Riese namens Mils soll vom Heiligen Gangolf durch Gebete bezwungen worden sein. Angesichts dieser Niederlage habe er sich umgebracht. Sein Leichnam sei vom Teufel mit Basaltsteinen bedeckt worden und so sei der Berg, die Milseburg, geschaffen worden.

Die Basaltsteine belegen es. Die Milseburg ist vulkanischen Ursprungs. Der Bergkegel besteht aus Basalt und Phonolith. Durch Erosion wurde der Phonolithkörper im Laufe von Millionen Jahren von ihn umgebenden Erd- und Gesteinsschichten befreit und ragt deshalb heute etwa 130 Meter aus der Landschaft heraus. Diese 130 Meter machen Wanderern durchaus zu schaffen, denn es geht steil bergauf und man kommt ordentlich ins Schwitzen. Die Milseburg ist trotzdem ein Wanderparadies, denn sie liegt günstig am Schnittpunkt der beiden großen Fernwanderwege durch die Rhön, dem Milseburgweg zwischen Fulda und Meiningen sowie dem Hochrhöner, der Bad Salzungen und Bad Kissingen verbindet. Gelegentlich verirren sich auch gut trainierte Mountainbiker nach oben. Deren Anstrengung ist sicher noch heftiger. Oben wartete bis Herbst 2019 die Milseburghütte. Hier soll in den nächsten Jahren ein Neubau entstehen. Bis dahin muss man sein Vesper höchstpersönlich den Berg hinauftragen.

Eine Alternative zur geschlossenen Hütte ist die Milseburgstube im Hofbieberer Ortsteil Danzwiesen. Leider muss man dafür erst den Rückweg beendet haben.

22

Milseburgtunnel
Ehemaliger Bahnhof
Milseburg 8–10
36115 Hilders-
Oberbernhards
www.milseburgradweg.de

RADLERPARADIES RHÖN
Milseburgtunnel bei Oberbernhards

Man möchte es gar nicht glauben – die Rhön als Mekka für Radfahrer. Denn schließlich geht es permanent auf und ab im ehemals vulkanischen Mittelgebirge. Wer genauer hinschaut, wird feststellen, dass es viele Flusstäler gibt, durch die man radeln kann. Auf einer der Strecken wartet ein besonderer Kick. Deutschlands längster Radtunnel führt unter einem Ausläufer der Milseburg durch. Über einen Kilometer ist er lang, natürlich beleuchtet und eine willkommene Abkürzung im Milseburgradweg, der auf 27 Kilometern, als Teil des Fernradwegs R3, durch die Rhön führt. Er ist einer von vielen Radwegen, die auf stillgelegten Bahntrassen gebaut wurden. Durchgehend asphaltiert und mit geringen Höhenunterschieden fährt es sich angenehm und ohne Anstrengung.

Auf der östlichen Seite des Tunnels bietet sich vor oder nach der Durchfahrt die Möglichkeit zur Rast. Das alte Bahnhofsschild des Orts blieb stehen, und so kann man bei einem Getränk auf den ehemaligen Bahndamm schauen. Das Einzige, was nicht mehr kommt, ist ein Zug. Dafür ziehen, bei schönem Wetter, hunderte von Radlern an einem vorbei.

Dort, wo die Strecke im Berg verschwindet, glaubt man in die totale Dunkelheit zu fahren. Aber weit gefehlt, der Tunnel ist beleuchtet, aus Sicherheitsgründen auch videoüberwacht, und wenn es heiß ist, bekommt man einige Minuten erfrischende Abkühlung. Er hat zudem eine ökologische Funktion. In den Wintermonaten von November bis Mitte April wird der Tunnel geschlossen und steht Fledermäusen als Ruhezone zur Verfügung.

Der Milseburgradweg gehört sicher zu den attraktivsten Routen durch die Rhön. Wer nur einen Tag Zeit hat und deshalb Hin- und Rückweg nicht komplett bewältigt, kann für Teilstrecken den Rhönradbus mit Fahrradanhänger nutzen. So wird der Radausflug in die Rhön nicht zur Gewalttour.

Entlang der Radwege gibt es zahlreiche Ladestationen für E-Bike-Akkus. Während das Rad auflädt, können Sie rasten, sich erholen und stärken.

23

Feldatal
Startpunkt Radtour:
Wehrkirche
Burg 1
98634 Kaltensundheim
www.rhoenfuehrer.de

E-Bikes verleiht
Fahrrad Fuchs
August-Bebel-Straße 23
36452 Kaltennordheim
036966 84374
www.fahrradfuchs.com

ROMANTISCH RADELN

Radtour durchs Feldatal bis Kaltennordheim

Das Feldatal liegt mitten in der nördlichen Rhön. Die durchfließende Felda ist ein komplett zu Thüringen gehörender Nebenfluss der Werra. Sie entspringt in einer Höhe von 500 Metern, bis zur gut 40 Kilometer entfernten Mündung geht es rund 230 Höhenmeter nach unten. Ein sanftes Tal, wenig Steigung oder Gefälle, schöne Orte und Städtchen garantieren Fahrradvergnügen. Folgerichtig wurde der »Feldatalradweg« eingerichtet, der es ermöglicht, das ganze Tal abzuradeln. Bevor man gen Mündung startet, empfiehlt sich der Rundgang an unserem Startplatz Kaltensundheim. Eine Wehrkirche bildet das Zentrum des Orts. Der Unterschied zur Kirchenburg besteht darin, dass hier nicht eine Burg um die Kirche errichtet, sondern die Kirche in die schon verlassene Burg gebaut wurde.

Danach lässt es sich prima bergab radeln. Kaltennordheim ist schnell erreicht. Dort sollte man das Schloss besichtigen. 1754 wurde es auf den Grundmauern der Merlinsburg erbaut. Im Schlosshof steht die fotogene Tanzlinde. Sie ist um die 500 Jahre alt. Kaltennordheim ist zudem berühmt für seinen »Heiratsmarkt« an Pfingsten. Heute ist er das größte Volksfest der thüringischen Rhön, früher war er Bauernmarkt, der auch zum Anbandeln genutzt wurde. Zuständig für die Vermittlung waren meist Viehhändler, die sich als Kuppler, im Rhöner Volksmund »Schmuser« genannt, mit dem Kuppelgeld ein gutes Zubrot verdienten.

Weiter talwärts empfiehlt sich per Rad, Achtung Steigung, der Abstecher zur Propstei nach Zella. Im beeindruckenden Gebäude befindet sich heute das Infozentrum des Biosphärenreservats mit Einblicken in Landschaft und Leben in der Rhön. Von dort ist es nicht mehr weit zu den Fledermäusen von Neidhartshausen. Der Weg ist das Ziel, nach Dermbach und Stadtlengsfeld sind das Ende von Radroute und die Feldamündung in Dorndorf erreicht.

In Kaltennordheim gibt es für Urlauber einen Verleih für E-Bikes. Vier Elektrotankstellen bis zur Mündung garantieren den Saft für die Akkus.

Kloster Kreuzberg
Höchstgelegene Haltestelle Frankens (860 Meter ü. NN)

24

Mit dem **Kreuzbergbus**
auf den Heiligen Berg der
Franken
Kreuzberg
97653 Bischofsheim/Rhön

Informationen:
**Hochrhönbus – Omnibus-
verkehr Bischofsheim**
GmbH (OVB)
Querenteichstraße 7
97653 Bischofsheim/Rhön
09772 9300335
www.hochrhoenbus.de

RUMKOMMEN OHNE AUTO
Mit dem Freizeitbus durch die Rhön

Einen Bus zum Lieblingsplatz zu erheben, mag etwas gewagt sein. Doch alle Wanderer und Radler, die schon einmal richtig erschöpft waren, werden meiner Wahl sicher zustimmen. In der Rhön hat man sich in Sachen Freizeit-Nahverkehr etwas einfallen lassen. Insgesamt neun Freizeitbuslinien weist die Region aus, viele sind auch für Radfahrer geeignet, da ein Transportwagen angehängt ist. Alle bekannten Sehenswürdigkeiten werden erreichbar, ohne das eigene Fahrzeug zu benutzen. Es spricht viel für die Idee, denn so kann man länger in eine Richtung Rad fahren oder wandern. Den Rückweg übernimmt der Bus.

Insbesondere in der bayerischen Rhön ist das Netz hervorragend ausgebaut. Sieben Linien verbinden alle großen Orte miteinander. Der Bäderlandbus bringt Fahrgäste von Badeort zu Badeort, der Saaletalbus hält die Verbindung in den Süden nach Hammelburg. Im Zentrum des Hochrhönbus liegt Bischofsheim. Von dort gibt es Verbindungen auf den Kreuzberg und damit zur höchsten Bushaltestelle Frankens, über die Hochrhönstraße zum Schwarzen Moor oder nach Bad Neustadt zum Anschluss mit dem Bäderlandbus nach Königshofen oder den Streutalbus nach Mellrichstadt. In westlicher Richtung geht es bis Gersfeld. Von dort fährt der RhönRadbus in Richtung Wasserkuppe, Hilders und Fulda. Diese Aufzählung zeigt schon, dass man im Sommer gut ohne Auto herumkommt. Kurgäste in Brückenau, Kissingen und Bocklet fahren im öffentlichen Nahverkehr des Landkreises zudem immer kostenfrei.

Einzig misslich bei der großen Anzahl der Verbindungen ist die Schwierigkeit, sich seine individuelle Route zusammenzustellen. Jede Buslinie hat ihre eigene Internetseite. Die Netzpräsenz von Hochrhönbus bietet aber eine Sammelseite mit allen Links zu den vorhandenen Linien. Hier hilft leider nur, alle benötigten Fahrpläne vor der Anreise auszudrucken.

Achtung, die Busse fahren während der Saison zwischen dem 30. Mai und dem 31. Oktober und leider auch nur am Wochenende sowie an Feiertagen.

25

Wer auf dem **Kreuz-
berg** Hunger oder Durst
verspürt, kann es sich
schmecken lassen in der
Schänke des
Kloster Kreuzberg
Kreuzberg 2
97653 Bischofsheim/Rhön
09772 91240
www.kloster-kreuzberg.de

DER BERG FÜR ALLE(S)

Kreuzberg

Zweimal war ich auf dem Kreuzberg im letzten Jahr. Einmal um Frühlingsluft zu schnuppern – es schneite. Einmal um zu fotografieren – es war brennend heiß. Der zweithöchste Berg der Rhön überrascht, selbst wenn man den größten Teil des Weges, von Bischofsheim aus, bequem mit dem Auto erklimmt.

Verlässlich gut ist hingegen die Klosterschänke, und so treibt es mich bei meinem Besuch im März dort hinein zur Vesper bei einer Halben Klosterbier und schmackhaftem Käsesalat. Draußen fallen Schneeflocken vom Himmel. Im Sommer finde ich einen mit fröhlichen Menschen gefüllten Biergarten, registriere, dass der Pendelbus an Frankens höchstgelegener Bushaltestelle wendet und dass die drei Kreuze aus dem Jahr 1710 am Ende des Kapellenkreuzwegs jetzt Figuren besitzen. Ende März waren sie noch leer. Bei meinem zweiten Besuch ist es oben auf dem Berg menschenleer. Ich bin allein unterm Gipfelkreuz in einer Höhe von 928 Metern. Alle sitzen im Biergarten. Die Frage nach dem Warum bleiben viele Besucher schuldig. Ist es ihnen peinlich, nur wegen des wahrhaft »göttlichen Bieres« zu kommen? Auch das hat seine Tradition. 1901 schrieb der spätere Kardinal Faulhaber ins Gästebuch der Klosterbrauerei: »Den Kreuzberg herauf kam ein endloser Zug, die einen zur Kirche, die anderen zum Krug.«

Heute spielt der Freizeitwert des Kreuzbergs eine wichtige Rolle. Für jeden Anspruch wird der richtige Wanderweg geboten. Hier begegnet einem das Wegzeichen des Hochrhöners genauso wie die Muschel des Jakobswegs oder die Markierung des Fränkischen Marienwegs. Mountainbiker erklimmen den Berg, am Neustädter Haus wartet ein Kletterpark, und bei passender Thermik versammeln sich Gleitschirmflieger. Und trotz des Andrangs liegt der Kreuzberg mitten im Biosphärenreservat. Er ist gut für Erlebnis und Ruhe, Genuss und Spiritualität.

Im Winter warten vier Skilifte, die Anbindung an eine 70 Kilometer lange Loipe und eine Rodelbahn auf der Klosterwiese auf sportliche Besucher.

26

Kreuzbergschanzen
Startpunkt Spaziergang:
Ortsteil Haselbach
Tränkweg
97653 Bischofsheim/Rhön

**Tourist-Information
Bischofsheim**
Kirchplatz 7
97653 Bischofsheim/Rhön
09772 910150
www.bischofsheim.info

SPORTLICHES MITTEN IM WALD
Kreuzbergschanzen

In der Rhön ist die Schneesicherheit höher als in anderen Mittelgebirgen, das raue Klima tut da sein Übriges. Eine richtig große Anlage mit drei Sprungschanzen hätte ich trotzdem nicht erwartet. Es gibt sie, als Einzige in der Rhön, schon seit 1932 am Fuße des Kreuzbergs. Sie dient hauptsächlich dem Training des Springnachwuchses. Die heutige Anlage wurde nach dem Verfall der ersten Schanzen erst in den 1990er-Jahren gebaut. Da sorgte man dafür, dass sie für den Sommerbetrieb mit Matten ausgelegt ist. Neben der Nutzung zum Training finden gelegentlich Wettkämpfe statt. Jährliches Highlight ist der Kloster-Kreuzberg-Pokal. Der Schanzenrekord liegt immerhin bei 54,5 Metern von der großen Schanze.

Nun ist Skispringen nicht gerade ein Allerweltssport. Ein Spaziergang zu den drei nebeneinanderliegenden Schanzen führt aber über einen herrlichen Weg. Man startet im Bischofsheimer Ortsteil Haselbach, am Ende der Dorfstraße. Von hier aus geht es über den Tränkweg etwa zwei Kilometer sanft bergauf – der Wald spendet Schatten an heißen Tagen. Schließlich eröffnet sich der Blick auf die drei Sprungschanzen. Sie wirken nicht so gewaltig, da sie, als Naturanlage, in den Hang hineingebaut sind. Wer oben steht, merkt aber eindrucksvoll, dass es steil bergab geht. Ich habe schnell beschlossen, dass dies kein Sport für mich ist.

Allerdings könnte ich mich rund um Bischofsheim für Radtouren und die 170 Kilometer langen markierten Wanderwege erwärmen. Im Angebot sind auch zahlreiche Mountainbike-Routen. Im Winter kommen Schneeschuhwandern, 70 Kilometer Loipen und sanfter Alpinski dazu. Das Städtchen liegt dafür ideal in der geografischen Mitte zwischen Kreuzberg und Wasserkuppe. Immerhin 18 Hotels, Gasthöfe und Pensionen sowie zahlreiche Privatzimmer laden zum Übernachten ein.

Zum Selbsttesten eignen sich die Schanzen nicht. Veranstaltungen auf den Kreuzbergschanzen finden Sie im Veranstaltungskalender der Gemeinde Bischofsheim.

27

Abfahrt der **Historischen Postkutsche:**
Parkplatz Tattersall
Salinenstraße 5
97688 Bad Kissingen
0971 8048444
www.postkutschenlinie.de
www.badkissingen.de

VIERSPÄNNIG UNTERWEGS
Die Rhöner Postkutsche

Nur vorurteilsbelasteten Passagieren wird eventuell mulmig, wenn sie gewahr werden, dass auf dem Bock der einzigen noch fahrenden offiziellen Postkutsche Deutschlands eine Frau sitzt. Den meisten fällt es beim Einsteigen ohnehin nicht auf. Mittags gegen zwei, die leuchtend gelbe Kutsche hält auf einem Parkplatz in der Nähe des Kurparks von Bad Kissingen. Yvonne Körner stoppt die Pferde, und ihre Kollegin, die vorher samt Horn den Postillion gegeben hat, nimmt die Fahrgäste auf für die lange Reise ins zehn Kilometer entfernte Bad Bocklet oder nach Schloss Aschach.

Die Kutsche ist ein Prachtexemplar. Neun Fahrgäste kann sie befördern, und das sogar in zwei Abteilen. Vier Jahrzehnte nach dem offiziellen Ende des Postkutschendienstes hatte die Strecke zwischen Kissingen und Bocklet Premiere. Heute würde man die Aktion als Imagemaßnahme bezeichnen. Reichspostminister Ohnesorge hatte 1938 die Idee, eine solche Kutsche könnte zur Touristenattraktion werden. Aber erst 1950 fuhr der Nachbau einer Biedermeier-Kutsche die Route entlang der Fränkischen Saale regelmäßig. Zu dieser Zeit stellte die Post immerhin noch den Postillion. Kutscher und Gespann waren aus alter Tradition schon immer in Privatbesitz; Franchising à la 18. Jahrhundert gewissermaßen. 1988 wurde Hans Körner offizieller Poststallhalter. Er fuhr 25 Jahre, versäumte es aber nicht, seine Frau in den Job einzuweisen. Yvonne Körner sitzt inzwischen schon seit über zehn Jahren auf dem Bock. Ja, das mache Spaß, besonders im Sommer, sagt sie. Bei schlechtem Wetter sei es zwar ein feuchtes Vergnügen, aber Liniendienst ist Liniendienst, vier Tage die Woche. Zehn Pferde stehen für den Vierspänner bereit, nur die Esel auf dem Bock seien immer die gleichen, meint ihr Mann.

Es sei schön, mal langsam zu verreisen, findet eine Mitfahrerin, und von der Postkutsche werde sie überall erzählen. Das sei ein Highlight der Rhön.

Fahrkarten für die außergewöhnliche Fahrt mit der Historischen Postkutsche gibt es bei den Kurverwaltungen in Bad Kissingen und Bad Bocklet.

28

Mühlenlehrpfad und
**Schloss Aschach mit
Museen**
Schlossstraße 24
97708 Bad Bocklet-
Aschach
09708 70418820
www.museen-schloss-
aschach.de

ZEHN MÜHLEN UND EIN SCHLOSS
Schloss Aschach und die Mühlen

Die Ruhe von Bad Bocklet im Hinterkopf, habe ich mich auf die Suche nach außergewöhnlichen Dinge in der Umgebung gemacht und dabei etwas ganz Besonderes entdeckt. Die Fränkische Saale und ihre kleinen Nebenbäche beherbergen einen historischen Technikschatz. Insgesamt zehn alte Mühlen befinden sich in unmittelbarer Umgebung des Kurbads, alle mit einem Mühlenlehrpfad verbunden. Den Besucher erwartet nicht nur eine technische Rückschau, sondern auch ein Lehrstück in Sachen Energiebewusstsein. Einige Mühlen erfüllen heute noch einen Zweck. In der Rother Ruppelmühle erzeugen zwei Turbinen stetig Strom. Zudem wird in dieser Mühle immer noch Getreide zu feinem Mehl gemahlen. Die Untere Steinsmühle, eine ehemalige Sägemühle in Steinach, wurde zu einem Infozentrum für erneuerbare Energien. Optische Nostalgiker kommen voll auf ihre Kosten an der Aschacher Bauersmühle. Sie ist außer Betrieb und dient nur noch dem Schwelgen in vergangenen Zeiten. Das Mühlrad wurde zwar demontiert, aber wer am Mühlgraben steht, durch den das Wasser plätschert, kann sich romantischen Gefühlen hingeben. Am 20 Kilometer langen Rundweg liegt auch die ehemalige Schlossmühle, die heute ebenfalls der Stromgewinnung dient. Im Gebäude, nicht ganz zweckentfremdet, wird Getreide gelagert.

Der Name sagt es, oberhalb der Schlossmühle steht Schloss Aschach. Die Grafen von Luxburg waren seine Besitzer, bevor der letzte und kinderlose Graf, Karl von Luxburg, das Schloss 1955 dem bayerischen Regierungsbezirk Unterfranken schenkte. Zur Bedingung machte er, dass Schloss und Kunstsammlung erhalten und der Öffentlichkeit zugänglich gemacht werden. Schloss Aschach beherbergt neben dem frisch restaurierten Graf-Luxburg-Museum ein Schul- und ein Volkskundemuseum. Der Schlosshof ist im Sommer an einigen Tagen auch Endstation der historischen Postkutsche aus Bad Kissingen.

Wer hungrig geworden ist, sollte in den *Schlossstuben* einkehren. Auf der Sommerterrasse im Hof schmecken Kaffee und Kuchen oder eine Vesper vorzüglich.

29

Das Schlemmerparadies
Rhön-Dorf im
Rhönerland Zentrum
Hauptstraße 6
36142 Tann-Wenders-
hausen
06682 9708911
www.rhoenerland-
zentrum.de

ALLE GLÜCKLICH MACHEN!

Rhönerland Zentrum in Wendershausen

Wer das möchte, steht sicher vor einer schwierigen Aufgabe. Das Rhönerland Zentrum bietet aber gute Voraussetzungen dafür, auch an einem Regentag die ganze Familie fröhlich zu stimmen. Das Paradies liegt direkt an der Bundesstraße 278 im Ortsteil Wendershausen, südlich von Tann. Von außen macht das Zentrum wenig her, aber wer die ehemalige Fabrikhalle betritt, wird nicht enttäuscht. Angekommen hat man die Qual der Wahl. Mein Vorschlag: Zuerst etwas Bewegung im RhönRäuberPark. Der Spielspaß ist schier unendlich und reicht von einer Kinder-Kartbahn über Riesenrutsche, Kletterlabyrinth, Paddelteich und Trampoline bis zum Hochseilgarten, der selbst Erwachsene ordentlich fordert. Dem Bewegungstrieb sind keine Grenzen gesetzt. Zwischendurch Hunger oder Durst? Die RhönRäuberKlause löst das Problem. Eine Frage müssen Eltern selbst lösen. Sie lautet: Wie kriege ich die Kinder hier wieder raus? Eventuell klappt es mit dem Versprechen, nach dem Einkaufen im Rhön-Dorf noch eine Runde Golf zu spielen.

Im Erlebniskaufhaus warten dann etwa 2.000 Produkte aus regionaler Herstellung. Das beginnt bei Hausschuhen aus Lammfell und Schaffellsocken und endet bei einer Vielzahl an heimischen Leckereien: Honig, Konfitüren, Wurst- und Käsewaren, Bauernbrot, Landsäfte und -biere sowie herrliche Edelbrände. Es werden nur regionale Produkte aus teilweise uralten Familienrezepten angeboten. Pflegeprodukte aus Schafmilch runden das Angebot ab. Mein persönlicher Tipp ist die Rhön-Dorf-Himbeermarmelade, göttlich!

Versprochen ist versprochen, die dritte Attraktion wartet. Abenteuer-Golf ist eine 14-Loch-Anlage, die dem »großen« Golf verdächtig nahe kommt. Es wird auf Kunstrasen gespielt über Hindernisse wie Mühlräder und Wassergräben. Auch hier können alle mitmachen. Wenn der Tag dann zu Ende geht, ist die ganze Familie glücklich.

Mit verlängerten Öffnungszeiten während der Schulferien hat man sich im Rhönerland Zentrum ganz auf die Bedürfnisse von Familien eingestellt.

30

Keltendorf Sünna
Goldene Aue
36404 Unterbreizbach-
Sünna
036962 2670
www.keltenhotel-rhoen.de

RHÖNER UREINWOHNER

Das Keltendorf in Sünna

Mit solchen Begrifflichkeiten sollte man vorsichtig umgehen, und außerdem möchte ich die Frühhistorie der Rhön thematisch nicht überstrapazieren. Ganz pauschal gehörte die Bevölkerung der Rhön im Zeitraum zwischen 700 und 200 v. Chr. zum keltischen Kulturkreis. Da diese Stämme durch ihre keltische Sprache aber nur schwer regional in ihrer Herkunft bestimmbar sind, bleiben viele Fragen offen. Fest steht, dass die ersten Kelten um 700 v. Chr. eine Siedlung am Öchsenberg in der nördlichen Rhön gründeten. 500 Jahre keltische Besiedlung haben ihre Spuren hinterlassen, viele Überreste von Befestigungsanlagen sind heute noch in der Rhön zu finden. Wer kein Archäologe ist, wird sich dafür nur wenig interessieren. Das Keltendorf im Örtchen Sünna aber kombiniert Geschichtsstunde mit Ausflugsspaß.

Es liegt etwas außerhalb am östlichen Waldrand. Der Parkplatz empfängt mich an einem Wochentag ziemlich leer, oberhalb steht das Keltenhotel mit Biergarten für die anschließende Einkehr. Sonntags sei hier mehr los, sagt man mir dort, aber ich möge mich gerne umsehen. Das Dorf, mit hölzernen Palisaden komplett umgeben und mit einem Wehrturm versehen, entstand ab 2004 durch die Initiative Rhöner Gemeinden. Wenn keine Führung stattfindet, wird man per Sammelbüchse um eine Spende gebeten. Das ist fair.

Alle Attraktionen – von der Wallanlage über Schmiede, Stall und Backhaus – werden auf Schautafeln vorgestellt. Die Lektüre der Schilder mit historischen Fakten bringt mir die Kelten ganz schön nahe. Mit Kindern im Schlepptau hätte ich mir aber etwas einfallen lassen müssen, um sie bei Laune zu halten. Für den Familienausflug ist deshalb sicher der Sonntag oder einer der Keltentage, die regelmäßig angeboten werden, zu empfehlen. Dann tobt im Dorf das pralle Leben mit Schmiedevorführungen, Kräuterkunde und frischem Brot aus dem Lehmbackofen.

Am Dorf startet der 17 Kilometer lange Premium-Wanderweg Keltenpfad. Der Rundweg bietet herrliche Aussichten auf die Berge der Kuppenrhön.

31

Am Domplatz steht der
Dom zu Fulda
Domplatz
36037 Fulda
www.bistum-fulda.de

**Tourismus und Kongress-
management Fulda**
Bonifatiusplatz 1
36037 Fulda
0661 1021814
www.tourismus-fulda.de

BAROCKE LEBENSLUST
Rund um den Domplatz

Von Westen aus ist Fulda eindeutig das Einfallstor in die Rhön. Fuldaer sehen sich gerne selbst als Rhöner und sagen, das Mittelgebirge fange bereits im Stadtteil Petersberg an. Ich hielt Fulda lange Zeit für ein Mekka religiös-kulturorientierter Touristen. Die Lebenslust, die von der 65.000 Einwohner großen Stadt ausgeht, habe ich erst bei einem etwas längeren Aufenthalt kennengelernt. Im Sommer ist es dort besonders schön.

Der Pflichtgang führt zwangsläufig vom Stadtschloss zum Dom und in den Schlossgarten. Das religionsgeprägte Ensemble überzeugt. Wer vor dem Dom steht, erkennt, wie prachtvoll das Wahrzeichen Fuldas ist. Erbaut wurde er zwischen 1704 und 1712 und ersetzte die an dieser Stelle stehende romanische Ratgar-Basilika aus dem 9. Jahrhundert. Hineingehen sollte man, gleich welcher Überzeugung, auf jeden Fall in Hessens größte Barockkirche. Es ist hell im Innern. Der weiß getönte Innenraum wirkt einladend und kontrastiert mit dem barocken Schmuck der Kathedrale. Sie ist, auch heute noch, Wallfahrtskirche durch das Grab des heiligen Bonifatius. Wer tiefer eintauchen will in die Geschichte, dem empfehle ich das benachbarte Dommuseum. Etwa zur gleichen Zeit wie der Dom entstand auch das barocke Fuldaer Stadtschloss, das ich zu einem weiteren Lieblingsplatz erhoben habe.

Die Allmacht der Kirche war groß. Ab 1200 bis zur Säkularisierung 1803 waren in Fulda die geistlichen gleichzeitig die weltlichen Herren. Hierin liegt der Ursprung, dass, wie in vielen katholischen Regionen, die Fuldaer große Karnevalisten sind und ihre Altstadt im Sommer zum Wohnzimmer machen. Die barocke Lebensfreude bis in die Gegenwart manifestiert sich in den zahlreichen Restaurants und Kneipen der Stadt, in denen bis in die Nacht immer etwas los ist. Erwähnt werden muss auch der Musicalsommer Fulda, der jedes Jahr viele Gäste anzieht.

Kehren Sie ein beim Brauhaus Wiesenmühle (an der Fuldaaue) oder bei Hohmanns Brauhaus (Florengasse 3–5). Letzteres braut das Rhöner Landbier.

32

Das Schokoladenmädchen
führt Sie durch das
Stadtschloss Fulda
Schlosstraße 1
36037 Fulda
0661 1021814
www.fulda.de

DAS SCHOKOLADENMÄDCHEN
Stadtschloss

Die Allmacht der Kirche manifestierte sich in manchem Prachtbau der Stadt. Das Stadtschloss, heute Stadtverwaltung, wurde erbaut als Residenz der Fürstäbte und späteren Fürstbischöfe. Die Grundsubstanz war als Renaissanceschloss ab 1607 erbaut worden, und es ersetzte die bis dahin existierende Abtsburg. 99 Jahre später erweiterte man es, der barocken Symmetrie gehorchend, um einen Flügel und verpasste ihm das heutige Aussehen. Bald verkehrte dort die adlige Gesellschaft wie an weltlichen Höfen. Lediglich das zölibatäre Gelübde von Bischof und Mönchen machte den Unterschied, sagt man. Der Fuldaer Hof präsentierte sich mit Prunk und Luxus.

Lebendig wird dies in einer besonderen Führung durch das Stadtschloss. Begrüßt wird man von einer Gästeführerin alias Louise Wilhelmine von Droste, dem Schokoladenmädchen des Fürstbischofs Heinrich von Bibra. Der Gang durchs Stadtschloss wird zum witzig-hintergründigen Gang durch die Zeit des Barocks. Da ist von einer Neuerung namens Serviette die Rede, die Sacktuch oder Hemdsärmel ersetzte, und von Porzellanfiguren, die Marzipanfigürchen als Tischdekoration ablösten, da diese schnell Kakerlaken zum Opfer gefallen waren. Das Schokoladenmädchen erzählt auch von der Furcht, sich durchs Waschen mit Krankheiten zu infizieren, und weist in den Gebrauch der damals von jedem benutzten Flohfallen ein. Im Speisezimmer des Fürsten kredenzt sie den Teilnehmern ein Glas vom bischöflichen Weingut in Hammelburg, denn bis in den Süden der heutigen Rhön reichte der Einfluss der Fuldaer Herren. Unendlich sind die Geschichten, die kokett vorgetragen, ein Sittenbild der Zeit um 1760 zeichnen.

Fächerschwingend verabschiedet das Schokoladenmädchen die Besucher in den Schlossgarten. Nach dieser Einführung fällt mir das dortige Lustwandeln leicht.

Die Führung wird nur für Gruppen angeboten. Zwei Familien bilden aber durchaus schon Gruppenstärke. Anmeldung ist erforderlich unter 0661 1021814.

33

Schloss Fasanerie
36124 Eichenzell
0661 94860
www.schloss-fasanerie.de

FÜRSTLICHE ZEITMASCHINE

Schloss Fasanerie

Es gilt als das schönste Barockschloss Hessens, und als ich das Gebäudeensemble zum ersten Mal sehe, fühle ich mich wie auf einer Zeitreise. Da hat man gerade mal die Autobahn verlassen und taucht direkt ein ins 18. Jahrhundert. Es ist ruhig, idyllisch und gar nicht so protzig, wie ich es mir vorgestellt habe. Die Auffahrt gestaltet sich herrschaftlich. Vor den ersten Torhäusern geht es links zum Parkplatz für die Blechkarossen. Die etwa 200 Meter bis zum zweiten Tor, durch den 100 Hektar großen Schlosspark, muss ich zu Fuß absolvieren.

Angefangen hat alles im 18. Jahrhundert. Amand von Buseck, der damalige Fürstabt von Fulda, wollte raus aufs Land und baute das von seinem Vorgänger errichtete Landschlösschen zu seiner Sommerresidenz aus. Den geistigen und weltlichen Fürstäbten ging es offensichtlich mehr als gut. Mit der Säkularisation fielen Schloss und Park 1816 an die Kurfürsten von Hessen-Kassel. Bis heute ist das Ensemble Eigentum der Prinzen und Landgrafen von Hessen. Höfische Zeiten spielen keine Rolle mehr, die Prinzenfamilie sehr wohl. Nach dem Zweiten Weltkrieg begann Landgraf Philipp mit dem Wiederaufbau des zerbombten Schlosses, in dem heute die fürstliche Kunstsammlung präsentiert wird. Seine Antikensammlung mit Großplastiken und Porträtbüsten gehört zu Deutschlands bedeutendsten Privatsammlungen. Das Untergeschoss beherbergt eine Porzellanausstellung, die Schätze aus fast jeder europäischen Manufaktur sowie China und Japan zeigt.

Für den Familienausflug sollte man sich den Dienstag oder das Wochenende vornehmen. Das über 250 Jahre alte Schlossgespenst führt dann die Kinder durch die herrschaftlichen Säle und erzählt vom einstigen Hofstaat sowie den vielen Räumen. Währenddessen können die Eltern einen Kaffee auf der Terrasse des Schlossrestaurants genießen.

Das Fürstliche Gartenfest an Pfingsten gehört zu den großen Publikumsmagneten des Schlosses Fasanerie (www.gartenfest.de/fasanerie).

34

Tann
Startpunkt Rundgang:
Tourist-Information Tann
im Naturkundemuseum
Marktplatz 6
36142 Tann
06682 961111
www.tann-rhoen.de

MUSEEN, APOSTEL UND SCHLÖSSER

Rundgang durch die Altstadt

Tann hat Glück gehabt, denn die Stadt ist bekannt weit über die Grenzen der Rhön hinaus. Hörer und Zuschauer des Hessischen Rundfunks wählten es zum beliebtesten Ferienort ihres Bundeslands. In der Geschichte war es das Adelsgeschlecht von der Tann, das der Stadt Ruhm, Ehre und auch manchen Ärger einbrachte.

Durch die persönliche Bekanntschaft Eberhard von der Tanns mit Martin Luther und seine Sympathie mit den Ideen der Reformation wurde Tann um 1534 evangelisch. Er befestigte die Stadt, da bewaffnete Auseinandersetzungen mit den Äbten von Fulda bevorstanden. Schließlich war man durch das Lehensrecht erst dank der Fuldaer Äbte in den Besitz von Stadt und Umgebung gekommen. Das Stadttor zeugt heute noch von dieser Absicherung. Es ist ein Blickfang, wenn man durch das Ulstertal in die Altstadt einfährt. Gleich rechts liegt der Marktplatz mit einem uralten Brunnen. Auf der linken Seite findet man mit dem *Elf-Apostelhaus* das älteste Bürgerhaus der Stadt. Seinen Namen verdankt es beeindruckenden Holzschnitzereien oberhalb des Fachwerkbalkens zwischen Erdgeschoss und erstem Stock, die elf Apostel zeigen. Ein Schüler von Tilman Riemenschneider soll sie angefertigt haben.

Direkt daneben steht das Naturmuseum. Dort gibt es nicht nur die Eintrittskarten für das Rhöner Museumsdorf, die kleine Gasse führt auch direkt zu dessen Eingang. Das Dorf, sagt man in Tann, sei eher ein Dörfchen, so wie die Stadt ein Städtchen sei. In den 1970er-Jahren wurden drei Gehöfte an ihrem alten Standort zerlegt und nach Tann gebracht. Hier war durch den Brand eines Bauernhofes Platz entstanden. Auf den ersten Blick sind tatsächlich nur diese drei Höfe zu sehen. Die eigentlichen Schätze entdeckt man erst in den Gebäuden. Sie dokumentieren das Leben der meist armen Bauern der Rhön von der Mehltruhe über Webstühle und eine Tischlerwerkstatt bis zu einem Backhaus. Es wird bei vielen Veranstaltungen angeheizt und liefert Brot und leckeren »Plootz«, das typische Hefegebäck der Rhön.

Tann wartet zudem mit fünf weiteren musealen Orten auf. Besonders sehenswert in Sachen Stadtgeschichte ist sicher das kleine Museum im Stadttor. Das örtliche Standesamt bietet zudem Trauungen im Stadttor an.

Das Adelsgeschlecht der von der Tann hat für Besucher ein Schloss hinterlassen. Eigentlich sind es drei Schlösser, die zwischen 1558 und 1714 nacheinander gebaut wurden. Die drei den Schlössern zugeordneten Farben Rot, Blau und Gelb stehen für die drei Familienlinien der von der Tanns. An das Gelbe Schloss, das zuletzt erbaut wurde, schließt sich ein Schlosspark an, der von der mittelalterlichen Stadtbefestigung umrahmt wird. Das Schloss befindet sich bis heute im Privatbesitz der Familie und kann, bis auf den Ahnensaal, nur von außen besichtigt werden. Schloss, Museumsdorf und der Marktplatz mit seiner alten Bausubstanz umgibt ein historisches Ambiente. Das macht vermutlich die Attraktivität von Tann aus. Das jedes Jahr im September stattfindende Wirtefest in diesem Umfeld führt sicher dazu, dass man sich um Jahrhunderte zurückversetzt fühlt.

Mit knapp 4.500 Einwohnern kommt das Städtchen klein daher und die Einwohnerzahl sinkt auch eher, als dass sie steigt. Ein älterer Herr spricht mich während des Fotografierens an und berichtet von der Landflucht: »Die junge Leit bleiwe net hier.« Keine Arbeit, keine Perspektive, keine Zukunft im romantischen Rhönstädtchen führten dazu, dass die Bewohnerzahl sinke und immer mehr Häuser und Wohnungen leer stünden. Inzwischen seien das zehn Prozent, schätzt er und geht über die Hauptstraße unterhalb des Stadttors. Als ich am Abend die Stadt auf der Rückfahrt noch einmal durchquere, wirkt sie wie ausgestorben, selbst das Eiscafé im Zentrum hat schon geschlossen an einem warmen Sommerabend.

Erkunden Sie die Stadt bei einer Schlenderweinprobe, Sternguckerwanderung oder einer Stadtführung auf Segways. Anmeldung bei der Touristinformation.

35

**Fränkisches Freiland-
museum Fladungen**
Bahnhofstraße 19
97650 Fladungen
09778 91230
www.freilandmuseum-
fladungen.de

LEBENDIGE DÖRFLICHE VERGANGENHEIT

Fränkisches Freilandmuseum

Der Beiname »Fränkisch« mag irritieren, ein Großteil der Bauten stammt aus der Umgebung, und somit ist jede Menge Rhön im Angebot. Das Museum öffnete seine Tore im Jahr 1990 und ist damit um einiges jünger als manch anderes Freiluftmuseum in Deutschland. Deshalb bieten die insgesamt zwölf Hektar Gelände noch eine Menge Platz für weitere Objekte. Zudem steht das Museum nicht irgendwo auf einer grünen Wiese, sondern schließt harmonisch an den Ortsrand von Fladungen an. Die Macher haben darauf geachtet, eine möglichst komplette dörfliche Infrastruktur zu schaffen. Schule, Kirche, Wirtshaus und eine, für die Region unerlässliche, Dorfbrauerei befinden sich auf dem Gelände. Neue Errungenschaften wie eine Telefonzelle, die einem im Innern akustisch die Fernsprechkommunikation näherbringt, oder eine Spezialausstellung in Sachen »Strom für die Rhön« schlagen die Brücke zwischen neuer und alter dörflicher Geschichte. Museumskern sind viele Bauernhäuser. Diese sind unterschiedlich alt, unterschiedlich groß und entstammen, wie auch ihre ehemaligen Bewohner, unterschiedlichen sozialen Schichten.

Der Eingang des Freilandmuseums liegt direkt am Bahnhof, der heute nur noch vom »Rhön-Zügle« genutzt wird. Auch das rechts neben dem Eingang stehende Wirtshaus zum Schwarzen Adler ist offen für jedermann. Es ist das älteste Museumsgebäude und wurde 1606 als Pferdewechselstation mit Gasthof gebaut. Hier lässt sich vor oder nach dem Museumsbesuch einkehren.

Doch jetzt ins Museum. Die erste Abzweigung nach links führt zur Äußeren Mühle. Sie steht etwas am Rande, da sie, neben dem Bahnhof, das einzige Gebäude ist, das nicht hierher transportiert werden musste, sondern schon seit Jahrhunderten zu Fladungen gehört. In der benachbarten Ölschlagmühle wurde Speiseöl aus Raps und Bucheckern produziert. Sie stammt aus dem Spessart und wurde 1833 errichtet. Beide sind fester Bestandteil des jährlichen Aktivprogramms. Zum Mühlentag nehmen sie für einen Tag den Betrieb wieder auf, und es werden Raps und Getreide zu Öl und Mehl verarbeitet. An anderen Thementagen wird gebacken, Obst gedörrt, ein Schlachtfest veranstaltet oder sogar Bier gebraut.

Zurück auf dem Hauptweg durchs Museum gelangt man in die Region Grabfeld-Haßberge und dem Abbild eines dort typischen historischen Dorfs. Hier finden sich eine Schäferei, ein bevölkertes Bienenhaus und das funktionstüchtige Brauhaus. Die Wohnhäuser spiegeln oft die Lebensumstände reicherer Bauern wider, es stehen aber auch Tagelöhnerhäuser auf dem Gelände. Alle Höfe sind komplett eingerichtet und zeigen auch im Innern die unterschiedlichen Lebensverhältnisse. Die Küchen sind klein, im Zentrum steht ein Kochherd mit Holzbefeuerung und eingebautem Wasserschiffchen, die Stube schließt sich an, oft wurde sie gleichzeitig als Schlafraum genutzt. In den kleineren Höfen grenzt zudem der Stall direkt an. Man wohnte mit seinen Tieren unter einem Dach. Ziegen, Hasen und Schafe leben im Übrigen heute noch auf den Wiesen des Museumsdorfs. Gärten sorgen für Obst, Gemüse und Blumenschmuck.

Sehenswert ist auch das alte Schulhaus. Im Klassenraum wurden ab 1835 bis zu 70 Schüler unterrichtet. Einmal im Jahr erwacht die Schule zum historischen Lehralltag.

Das Freilandmuseum ist ein wirkliches Kleinod. Die Umsiedlung weiterer Gebäude ist allerdings zunehmend ein finanzielles Problem. Im Museum steht zum Beispiel eine alte Kirche, die aus Leutershausen am Rande der Rhön stammt. Alleine der Ab- und Wiederaufbau schlugen 1995 mit 1,5 Millionen D-Mark zu Buche. Auch unter diesem Aspekt wird es sicher noch einige Jahre dauern, bis die Fläche ausgereizt ist.

Das Museum ist von Anfang April bis Anfang November geöffnet. Im April und Oktober gibt es zudem einen Ruhetag pro Woche.

36

Das **Rhön-Zügle**
gehört zum
**Fränkischen Freiland-
museum Fladungen**
Bahnhofstraße 19
97650 Fladungen
09778 91230
www.freilandmuseum-
fladungen.de

EISENBAHNROMANTIK À LA RHÖN
Museumsbahn Rhön-Zügle

Der Begriff »Museumsbahn« spricht für sich. Auch ich hatte als Kind eine Modelleisenbahn und drücke mir heute noch regelmäßig die Nase an Schaufenstern platt, hinter denen Modellbahnen ausgestellt sind. Eine Museumsbahn ist also genau das Richtige für einen Dampflokfan wie mich und auch für den sonntäglichen Familienausflug. Das Rhön-Zügle fährt unter Dampf jeden zweiten Sonntag von Mai bis Oktober.

Das Zügle verkehrt zwischen dem Bahnhof Fladungen, direkt neben dem Freilandmuseum, und der Station in Mellrichstadt. Es ist die Schienentrasse der ehemaligen Streutalbahn. Eingeweiht wurde die Strecke 1898, stillgelegt hat man sie 1987. Wie viele andere wurde sie wegen mangelnder Rentabilität aus dem Liniennetz der Deutschen Bahn gestrichen. 1996 kam wieder Leben auf die rund 18 Kilometer lange Bahntrasse. Der zuständige Regionalverband kaufte die Strecke und stellte sie dem Museum zur Verfügung. Die *Eisenbahnfreunde Untermain* aus Aschaffenburg kümmern sich seitdem gemeinsam mit dem Museum um den Betrieb.

Bei meiner letzten Fahrt ist die Tenderlok 89-7373 im Einsatz, eine preußische T3, die zwar eher niedlich ausschaut, aber gewaltig Dampf und Ruß ausspuckt. Wenn Lok und Zug in den Bahnhof einfahren, weckt das archaische Gefühle, die ein ICE schuldig bleibt. Es ist ein einzigartiges Vergnügen mitzufahren. Im Innern rumpelt es, man reist schließlich in der dritten Klasse und sitzt auf Holzbänken. Die Wagen haben teilweise noch offene Plattformen und bekamen damals den Spitznamen »Donnerbüchsen«. Vorn zischt und dampft die Lok, dass es eine Freude ist. Das Zügle ist voll, draußen regnet es, die Scheiben laufen an. Vor jedem Bahnübergang pfeift die Lok durchdringend. Fast 50 Minuten pro Strecke kann man sich nostalgischen Gefühlen hingeben, inklusive Wasserstopp am Bahnhof in Ostheim. Ich könnte ewig weiterfahren.

Fotofreunde zücken die Kamera am besten auf der Reise von Mellrichstadt nach Fladungen. Da fährt die Lok vorwärts und gibt das schönere Bild ab.

37

Kirchenburg Ostheim
Parkplatz Friedenstraße
97645 Ostheim vor
der Rhön
09777 1850
www.lebendige-kirchen-
burg.de

GUT FÜR SCHLECHTE ZEITEN
Kirchenburg

Erst dachte ich, Burg und Kirche – das schließt sich gegenseitig aus. Dann dachte ich, schön, dass die Kirche von einer Burg geschützt wird. Als ich dann in die historischen Zusammenhänge eintauchte, wurde deutlich, dass hier weltliche und geistliche Macht geschützt wurde in einer der größten Kirchenburgen Deutschlands.

Die Besichtigung machte mir erst deutlich, um welch gewaltiges Bauwerk es sich handelt. Umrandet von Türmen und Wehranlagen und auf einer Grundfläche von 75 mal 75 Metern befindet sich alles, was ein Städtchen wie Ostheim im 15. Jahrhundert brauchte, um bei einem Feindesangriff hinter zwei sechs bis acht Meter hohen Mauern zu überleben. Die Burg war mit viel Bedacht zwischen 1400 und 1450 erbaut worden, denn Ostheim liegt in einem Gebiet, das bis ins 18. Jahrhundert ständig Besitzer und Herrscher wechselte. Die Kirche im Zentrum der Anlage ersetzte 1619 ihre zu klein gewordene Vorgängerin von 1589. Sie wurde als eine der ersten lutherischen Predigtkirchen in Mitteldeutschland errichtet. Die Anlage schließlich war für ihre Zeit der Überlebensgarant der Ostheimer. Neben der Kirche wurden 66 Gewölbekeller, sogenannte Gaden, gebaut. Sie dienten als Schutzbehausung und Lagerraum von Wertgegenständen und Lebensmitteln. In Zeiten der Gefahr zogen die Familien samt Vieh und Vorräten in die Burg. Auch heute werden die Keller noch von altangestammten Familien für ihre Vorräte genutzt. Seit dem 17. Jahrhundert gab es sogar ein Schulhaus auf dem Gelände, das heute ein Teil des Museums ist.

Mein Besuch in Ostheim war von »Rhöner Wetter« geprägt. Auch in heißen Sommern gibt es zwischendurch Regentage mit zum Teil heftigen Niederschlägen. Als ich tropfnass im Hof der Kirchenburg stand, versuchte ich mir vorzustellen, wie das vor 500 Jahren hier gewesen sein musste, und begann noch mehr zu frösteln als ohnehin schon.

In Ostheim in der Marktstraße 5 bietet die Metzgerei Wienröder mit dem *Ostheimer Leberkäs* (wird kalt gegessen!) den leckersten Snack weit und breit.

38

Rhönraddenkmal
Burgwallbacher Straße
97659 Schönau an der
Brend

Informationen erteilt die
**Gemeinde Schönau an
der Brend**
Markbergstraße 2
97659 Schönau an der
Brend
09775 9276
www.schoenauadbrend.
rhoen-saale.net

DIE ZWEITE ERFINDUNG DES RADS

Rhönraddenkmal

Es gibt nur ein deutsches Mittelgebirge, nach dem ein Sportgerät benannt wurde. Vielleicht würden wir heute vom Vogesen- oder Schwarzwaldrad reden, wenn ein gewisser Otto Feick sein Patent an anderer Stelle angemeldet hätte. Eigentlich stammte er nämlich aus Reichenbach in der Nähe von Kaiserslautern, und den Prototyp des Rhönrads hat er in Ludwigshafen gebastelt. Die Liebe wiederum brachte ihn nach Schönau, und dort meldete er 1925 sein Sportgerät zum Patent an. Ein Jahr später ließ er sein Doppelrad unter dem Namen »Rhönrad« schützen.

Die Grundidee entstammt seiner Kinderfantasie. Zwei eiserne Wagenreifen aus der Schmiede des Großvaters waren Ausgangspunkt. Diese zusammenzufügen und mit ihnen durch die Gegend zu rollen, das wäre was. Aus der fixen Idee wurde der Prototyp, aber erst in der Rhön konnte er seine Vorstellung von einem Sportgerät realisieren. Otto Feick hatte inzwischen eine Werkstatt für Bettgestelle und Sportgeräte, und dort begann der Siegeszug des Rhönrads. Bereits 1930 fand das erste internationale Rhönradturnier in Bad Kissingen statt. 1936 wurde der Sport bei den Olympischen Spielen in Berlin, völkisch eingemeindet, aber außer Konkurrenz, vorgeführt. Wenn das Rhönrad auch, vermutlich wegen seiner Größe, nicht zum Massensportgerät taugte, gibt es seit einigen Jahren doch einen Internationalen Rhönradturnverband, der sogar Weltmeisterschaften organisiert. Da es sich um ein Sportgerät handelt, darf es niemals »Rhönradfahren«, sondern muss »Rhönradturnen« heißen.

Da es in Otto Feicks Geburtsstadt bereits ein Rhönradmuseum gibt, setzten ihm die Schönauer unterhalb der Dorfkirche ein Denkmal in Form eines Rhönrads. Leider ist es die einzige Stelle in der Rhön, wo man öffentlich dem Sportgerät gedenkt, das den Namen des Mittelgebirges in alle Welt getragen hat.

Die Gemeinde bietet, neben dem schönen Rhöndorf-Ambiente, »ambulante Badekuren« in Zusammenarbeit mit dem nahe gelegenen Bad Neustadt an der Saale an.

39

Dieser **Stundenstein** steht zwischen den 36115 Ehrenberger Ortsteilen Seiferts und Thaiden. Mehr davon an der Bundesstraße 278 zwischen Tann und Bischofsheim/Rhön.

DIE ZEIT GERADE RÜCKEN

Stundensteine an der B 278 im Ulstertal

»1 2/8 Stunden nach Hilders« steht auf der Säule am Straßenrand der Bundesstraße 278 zwischen den Ehrenberger Ortsteilen Seiferts und Thaiden. Diese Inschrift sieht man Richtung Hilders. Zur Fahrbahnseite findet man die Aufschrift »10 Stunden nach Neustadt« und schaut man nach Süden steht dort »4 5/8 Stunden nach Bischofsheim«. Aus Hilders kam ich gerade per Auto, und ich habe knapp zehn Minuten gebraucht. Das rückt die Zeitverhältnisse zwischen der Gegenwart und der Mitte des 19. Jahrhunderts ins rechte Licht.

Um 1850 wurden diese Säulen aufgestellt, während des Baus der Straße zwischen Tann und Neustadt an der Saale. Ziemlich genau 1,65 Meter sind sie hoch, und sie stehen heute noch im Abstand von etwa vier Kilometern entlang der Straße. Sie sind ein Zeugnis einer Zeit, in der Meilen, Klafter oder Kilometer noch keine wirkliche Rolle spielten. Viel wichtiger war die Erkenntnis, wie lange es noch bis zum Ziel oder zumindest zum nächsten Zwischenstopp sein würde. In späteren Zeiten wurden diese Säulen, als Vorläufer unserer gelben Wegweiser, mit Kilometerinschriften versehen. Die Steine entlang der B 278 zwischen Tann und der bayerischen Landesgrenze am Rhönhäuschen sind aus unerfindlichen Gründen unverändert stehen geblieben. Vielleicht war die Strecke einfach nicht wichtig genug?

Doch was sagt uns die Zeitangabe? Sie diente als Information für Fuhrwerke und sagte aus, dass die Fahrt von Hilders nach Neustadt um 1850 rund zwölf Stunden gedauert hat, mit Pausen vermutlich länger. Gemessen wurde im Großherzogtum in Klaftern. 2.000 Klafter entsprachen etwa fünf Kilometern und waren die Zeiteinheit für die Fahrstunde eines beladenen Fuhrwerks. Heute müssten Minuten- statt der Stundensteine aufgestellt werden. Schön, dass es diese »Zeit«-Zeugen noch gibt. Sie rücken die Verhältnisse wieder gerade.

Acht Stundensteine existieren noch zwischen Tann und der bayerischen Landesgrenze. Sie stehen in Richtung Süden an der rechten Fahrbahnseite.

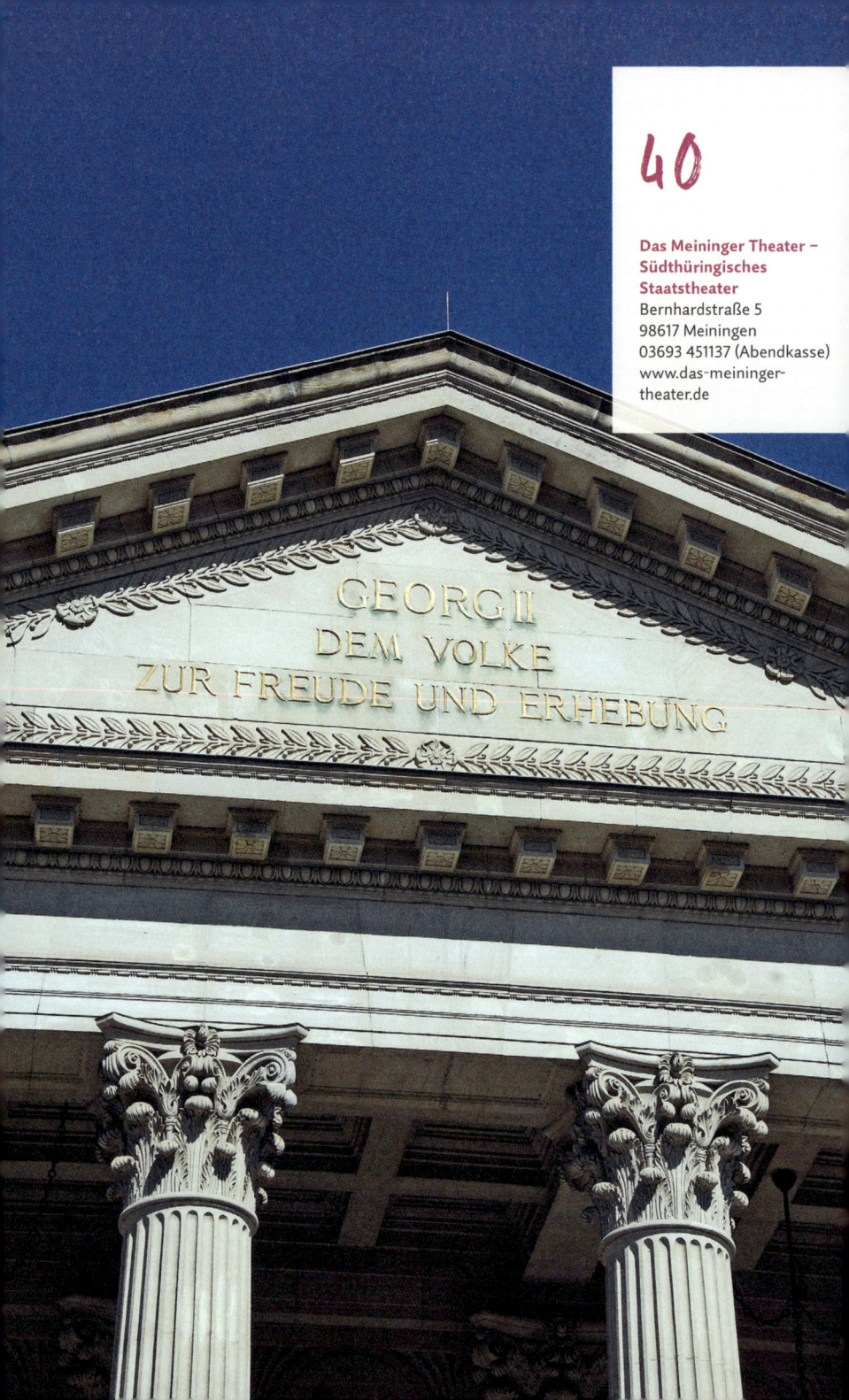

40

**Das Meininger Theater –
Südthüringisches
Staatstheater**
Bernhardstraße 5
98617 Meiningen
03693 451137 (Abendkasse)
www.das-meininger-
theater.de

THEATER, HOFKAPELLE UND SKANDALE
Theater- und Musikstadt

Meiningen muss Kultur haben. Das bezweifelt niemand, der je die klassische Fassade des Meininger Theaters bewundert hat. So ging es auch mir. Das Gebäude hat eine wahrhaft majestätische Ausstrahlung. Als ich beeindruckt davor stehe, weiß ich noch nicht, dass viele inhaltliche Entwicklungen, die das Meininger Theater in der Welt berühmt gemacht hat, an diesem Prachtbau vorbeigegangen sind. Dieses »neue« Theater wurde 1909 eingeweiht, nachdem das alte Hoftheater ein Jahr zuvor abgebrannt war.

Vieles, womit das Meininger Theater Maßstäbe setzte, war bereits in der zweiten Hälfte des 19. Jahrhunderts geschehen. Das bis dahin eher höfische Theater wandelte sich ab 1866. Der frischgebackene Herzog Georg II. übernahm nicht nur die Regierungsgeschäfte, sondern auch die künstlerische Leitung des Theaters. Er führte zusammen mit Oberregisseur Ludwig Cronegk Regie und entwickelte mit ihm und seiner Ehefrau die Meininger Prinzipien. Diese gelten als die Ursprünge des modernen Regietheaters. Vielleicht trieb dabei auch der Skandal um seine Eheschließung mit Schauspielerin Ellen Franz, die er zur »Helene Freifrau von Heldburg« machte, die Fortschritte in Richtung Demokratisierung der Theaterstrukturen voran. Theater sollte jetzt historisch getreu und stilvoll sein. Die drei brachten bis ins Detail geplante Massenszenen auf die Bühne. Dabei mussten selbst kleinste Rollen mit großer Präzision gespielt werden. Der Regisseur gab den Ton an. Staralüren von Schauspielern hatten nicht mehr stattzufinden. Der große Ruhm, den die Macher damit erwarben, hätten sie vermutlich nie erlangt, hätte der Herzog seinen Intendanten Cronegk nicht auf Tournee geschickt. Die Gastspiele liefen von 1874 über 16 Jahre und mit über 2.500 Aufführungen in 38 europäischen Städten. Nach dem Ende des Tourneewahnsinns ließ er das Ensemble verkleinern und konzentrierte sich wieder stärker auf Opernaufführungen. Zu diesem Zweck gemeindete er die Meininger Hofkapelle ins Theater ein. Diese war mit ihren Stardirigenten Hans von Bülow und Richard Strauss schon vorher weit über die deutschen Grenzen hinaus bekannt geworden.

Richard Wagner spielte in dieser Zeit mit dem Gedanken seine letzte Oper Parsifal in Meiningen uraufzuführen. Doch Georg II. wollte den Parsifal selbst inszenieren, weshalb Wagner ihn abblitzen ließ. Wagner war nur die Zusammenarbeit mit der hochgeschätzten Meininger Hofkapelle wichtig. Er wäre sogar über seinen Schatten gesprungen und hätte Orchesterchef Hans von Bülow, dem geschiedenen Mann seiner zweiten Frau Cosima, die musikalische Leitung übertragen. Ein ziemlich großer Schatten wäre das gewesen, denn der Skandal um das jahrelange Verhältnis zwischen Richard Wagner und Cosima von Bülow, der unehelichen Tochter von Franz Liszt, hatte nicht unbedingt zur großen Freundschaft der beiden beigetragen.

Mit Beginn des Ersten Weltkriegs ging die große Musik- und Theatertradition scheinbar ihrem Ende entgegen. Nach dem Zweiten Weltkrieg aber wurde Meiningen schnell zur zweiten bedeutenden Brecht-Bühne der DDR. Nach der Wende wurde aus dem Landestheater das Südthüringische Staatstheater, das alsbald wieder künstlerische Schlagzeilen machte. Prominente Regisseure und Schauspieler gastierten. Klaus Maria Brandauer und Loriot inszenierten Stücke, und Mikis Theodorakis leitete 1995 die deutsche Erstaufführung seiner Oper Medea.

Der Kreis zu den Anfängen schließt sich in meinen Augen mit dem Jahr 2001. Die Intendantin und Regisseurin Christine Mielitz inszenierte Richard Wagners *Ring des Nibelungen*. Sie schaffte das, was Wagner abgelehnt hatte. Das komplette Werk wurde an vier aufeinanderfolgenden Tagen gespielt. Das hätte auch den Urvater Herzog Georg II. erfreut. Theaterenthusiasten bekommen im Meininger Theatermuseum (Schlossplatz 2) einen fantastischen Einblick in die dramaturgischen Ideen von Fürst Georg II.

Das Theater bietet Führungen zur Geschichte und hinter die Kulissen an. Auskünfte unter: 03693 451137

Direkt am Marktplatz:
Stadtkirche Meiningen

Tourist-Information
Ernestinerstraße 2
98617 Meiningen
03693 44650
www.meiningen.de

41

Rhöner Kulinarium:
Plootz oder auch Ploatz,
je nach Region

Rhönforellen schmecken
besonders gut in der
Fischerhütte Edwin
Herbertsweg 1
97656 Oberelsbach-
Ginolfs
09774 858338
www.fischerhuette-
edwin.de

PLOOTZ, DÄTSCHER, FORELLE UND LAMM

Rhöner Kulinarium in Ginolfs

Die Rhöner Küche passt zur Landschaft, zum rustikalen Urlaub und auch zur Geschichte der Region. Die Rhön war nie gesegnet mit ausgefallenen Produkten. Die Menschen waren arm und mussten genügsam sein. Dass aber aus einer »Armeleuteküche« hervorragende Gerichte wachsen können, haben schon die Italiener bewiesen. Die Rhöner Spezialitäten passen besonders gut zu den Freizeitaktivitäten. Wer den ganzen Tag an der frischen Luft unterwegs ist, bekommt Hunger, und da sind deftige Gerichte genau das Richtige. Selbstverständlich haben die »Kücheninnovatoren« die alten Rezepte dem Kalorienbedarf von heute angepasst.

Bachforelle gibt es in der Rhön fast überall. Die Fische sind frisch und werden meist traditionell zubereitet. Als Vorspeise kommen geräucherte Forellenfilets ins Spiel. Beides gehört zu den Standards der Speisekarte. Besonders viel Lob ernten die Forellengerichte der *Fischerhütte Edwin* in Ginolfs in der bayerischen Rhön. Lamm ist eine Sache für sich. Viele scheuen sich davor, bedingt durch Erfahrungen früherer Jahre, wo statt Lamm auch Schaf oder gar Hammel verarbeitet wurde. Lamm wurde gerade in der Gaststube von *Krenzers Rhön* neu definiert: Da wird Lammtiegel in Apfelwein und mit Honig gegart, oder es wartet eine Hirtenpfanne mit Lammhack, Wirsing und Schmand. Als Beilage dienen Spatzeklöß auf Brötchenbasis. Oder auch Mehlklöß und Kartoffelklöß. Gerne genommen als Gericht: Kloß mit Soß, als Resteverwertung kleingeschnitten und gebraten als »geschnippelte Klöß«.

Dann wären da Backwaren mit Namen Plootz und Dätscher. Die Schreibweise variiert, eines steht aber fest: Beide können süß mit Obst oder herzhaft mit Zwiebeln oder Speck gegessen werden. Der Unterschied besteht im Teig. Plootz ist ein Hefeteig, beim Dätscher sind die Basis zerdrückte Kartoffeln. Gemein ist ihnen der leckere Geschmack.

Wer selbst einmal Rhöner Spezialitäten wie Kloß mit Soß oder Plootz kochen oder backen möchte, der findet unter www.rhoenbuecher.de passende Kochbücher.

42

Unvergleichlich lecker
genießen Sie die Thüringer
Bratwurst beispielsweise
am Rostbratwurststand
auf dem **Marktplatz vor
der Stadtkirche**
Markt
98617 Meiningen

EIN DUFT, DEM MAN NICHT WIDERSTEHT

Thüringer Rostbratwurst am Marktplatz

Puristen mögen anmerken, dass das Objekt der Begierde nicht nur in der Rhön zu Hause ist. Ich möchte erwidern, dass das berühmteste Esskulturgut Thüringens zwar nicht aus der Rhön stammt, dort aber flächendeckend vertreten ist. Die Thüringer sagen ja selbst, sie könnten mehr als Bratwurst. Angezogen vom magischen Duft mag man erwidern: »Die aber besonders gut«.

Bei einem Tagesausflug durch die thüringische Rhön schnupperte ich den Duft zum ersten Mal in Bad Salzungen. Das war vormittags und es erschien mir noch zu früh, der Versuchung nachzugeben. In Wasungen, unmittelbar nach dem Besuch des Karnevalsmuseums, stieg mir der Geruch schon wieder in die Nase. Vor einer Metzgerei stand Gemütlichkeit auf dem Programm. Der Metzgermeister hinterm Grill, ältere Männer auf Bänken drum herum, ausgestattet mit einer Flasche Bier und der »Original Thüringer«. 1,80 Euro, lecker zum Nachmittagsplausch. Den selbsttätig einsetzenden Speichel bekämpfte ich mit Vernunft, denn in Meiningen hatte ich gleich noch ein paar Termine.

Nach der Fotoverabredung mit der Fassade des Meininger Theaters gab es jedoch kein Halten mehr. Auf dem Weg zum Geburtsort der Thüringer Klöße musste ich den Marktplatz überqueren. Da war er wieder, dieser Duft. Am Verkaufswagen neben dem Grill stand, hier gäbe es Fleischerware – also geschah es. Mitten zwischen Meininger Hochkultur musste er sein, der Biss in die Wurst. Er war köstlich, die Wurst würzig, nicht zu fett, der Senf scharf und aus Bad Langensalza. Eigentlich hätte ein Rhöner Landbier dazu gepasst, aber der Tag war heiß und ich musste zurück ins Auto. Der Geschmack hielt sich auf der Zunge während der Weiterfahrt. Die Meininger Bratwurst hinterließ bleibenden Eindruck. Beim nächsten Besuch werde ich sicher wieder am Marktplatz zuschlagen.

Wer süße Verlockungen mag, ist im Café des Sächsischen Hofs (Georgstraße 1) gut aufgehoben. Kritiker zählen es zu den 300 besten deutschen Cafés.

43

Hotel-Restaurant Schlundhaus
Schlundgasse 4
98617 Meiningen
0176 55924199
www.uwe-klein-hotels.de

DER KLOSS UND DIE HÜTES-HOLLE

Hotel-Restaurant Schlundhaus

Die Thüringer können nicht nur Bratwurst, sie können auch Klöße. Bezeichnungen dafür existieren viele – neben Klöße auch »Knölla« und »Hütes«. Gemeint ist prinzipiell immer dasselbe Produkt aus zwei Drittel rohen, geriebenen und einem Drittel zerkochten Kartoffeln. Die Kochphilosophie ist so unterschiedlich wie die Konsistenz, die Größe unterscheidet sich ebenfalls in allen Regionen Thüringens. Fest steht, dass der Kloß zum Sonntagsbraten gehört. Im Volksmund heißt es auch: »Ein Sonntag ohne Klöße verliert von seiner Größe.«

Gehört habe ich diesen Spruch in Meiningen. Dort ist der Kloß bekannt als »Hütes«. Man gab mir auch gleich den Tipp zur Geburtsstätte des Kloßes zu pilgern. Im Schlundhaus ist man stolz darauf, wenngleich die Entstehungsgeschichte des Hütes auf einer Sage aus dem 18. Jahrhundert beruht, die mehr als zweifelhaft erscheint. Die *Holle*, als Sagengestalt, soll im Wirtshaus im 16. Jahrhundert zu Gast gewesen sein und sich über den sauren Meininger Wein geärgert haben. Kurzentschlossen zerstörte sie alle Reben durch einen Frosteinbruch. Zum Ausgleich schenkte sie den Meiningern die Kartoffel und verriet ihnen das Kloßrezept. Der Frost im Jahr 1522 ist historisch belegt, die Kartoffel kam in Thüringen aber erst im 18. Jahrhundert auf. In die Zeit des Kartoffelsegens fiel auch die Entstehung der Sage. So vermischte man offensichtlich zwei Ereignisse. Der Meininger Dichter Rudolf Baumbach hat die Sage in Verse gefasst, und mit einem kurzen Zitat kann ich nun also das Namensgeheimnis lüften: »Du Sohn uralten Stadtgeblütes, hier hast Du das Receptum. Hüt es!« Die *Hütes-Holle* übergibt dem Bürgermeister beim jährlichen Hütesfest das Kloßrezept mit diesen Worten.

In der historischen Gaststube jedenfalls stehen die Hütes auf der Dauerkarte. Sie sind größer und weicher als Standardklöße und schmecken vorzüglich.

Wer angesichts der »Hütes« sein Nachtlager aufschlagen möchte, findet im Schlundhaus auch preiswürdige Zimmer in historischem Ambiente.

44

Krenzers Rhön
Eisenacher Straße 24
36115 Ehrenberg-Seiferts
06683 96340
www.rhoenerlebnis.de

JÜRGEN KRENZERS RHÖNERLEBNIS

Krenzers Rhön in Seiferts

Jürgens Credo lautet: »Entscheidung und Experiment sind besser als Stillstand«. Damit ist er gut gefahren, seit er als gelernter Koch und staatlich geprüfter Hotelwirt den elterlichen Betrieb übernahm. Aus dem Landgasthof wurde in über 30 Jahren *Krenzers Rhön* mit dem Rhönschafhotel, den Übernachtungs-Schäferwagen, der Apfel-Schaukelterei, dem Genussladen und dem *Rhöner-ApfelSherry-Theater*. Dazu gehörte bis zum Coronajahr 2020 auch die Gaststube.

Der verordnete Stillstand setzte Jürgen Krenzers kreative Gedanken in Bewegung. Sein Fazit: »Traditionelle Gastronomie hat keine Zukunft.« Gekocht wird, bis auf die sonntägliche Bewirtung um die Mittagszeit, jetzt nur noch für Hausgäste oder zu besonderen Anlässen.

Das Rhönerlebnis hat dabei nicht gelitten. Selbst beim Spontanbesuch kann man tief in Krenzers Genusswelt eintauchen. Im Laden warten sortenreine Jahrgangs-Apfelweine, diverse *ApfelSherrys*, Gläsergerichte mit Rhönspezialitäten aus der Gasthausküche und Kleinigkeiten wie Heu-Tee, Kräutersalz und Eierlikör aus eigener Produktion. Sohn Max bereichert die Palette inzwischen um die Bio-Landwirtschaft. Auch er hatte trotz Hotelausbildung mehr Lust auf die Zucht von Sundheimer Hühnern als auf Gastronomie und hat mit Freundin Valentina die eigene Landwirtschaft zu neuem Leben erweckt. In den Sommermonaten bietet der Laden einen Picknick-Service mit der kompletten Ausflugsverpflegung an.

Natürlich gibt es dort auch das Bier aus der *StoX*-Brauerei. Die hat Jürgen mit Partnern gegründet, mitten im Coronajahr. So wie er einst eine Apfelweinkelterei baute, stürzte er sich ins Braugeschäft. Es gehöre eine Portion Wagemut dazu, sagt er, ergänzt um Sachkenntnis, Menschenverstand und Heimatliebe. Letztere hat ihn das Rhönschaf retten lassen und ihm den Titel Apfelwinzer eingebracht. »Unsere Gäste behandeln wir wie Freunde, die zu Besuch kommen.« Dieser Satz sagt alles über Krenzers Rhönerlebnis.

StoXbräu in Stockheim bietet Besichtigungen und auch Brauseminare. www.stoxbraeu.de

45

**Schaubrennerei und
Gasthaus Dickas**
Josefstraße 9
97653 Bischofsheim/Rhön
09772 456
www.rhoener-
schaubrennerei.de

BRENNESSELSCHNAPS UND MEHR

Schaubrennerei und Gasthaus Dickas

»Der Claus ist ein Multitalent«, meinen viele seiner Kollegen aus der Gastronomie anerkennend. Claus Vorndran betreibt ein Gasthaus. Er stellt sich außerdem selbst in die Küche. Und er bewirtschaftet den Biergarten, vermietet Zimmer und stellt Brände sowie Liköre in seiner Schaubrennerei her. Diese Kollegen sagen auch, dass es gut ist, dass er sich zwei Ruhetage pro Woche gönnt, um dem vorzubeugen, was man heute »Burn-out« nennt.

Als Mitglied der Initiative *Aus der Rhön für die Rhön* achtet er genau auf die Herkunft seiner Produkte. Gleich ob Lamm, Schaf oder Ziege, Forelle oder saisonale Wildgerichte, alles stammt aus der Region. Beim Obst für die Schaubrennerei versteht sich das von selbst. Das macht nicht nur Arbeit, sondern treibt auch die Kosten nach oben. Umso erstaunlicher sind die moderaten Preise auf der Speisekarte. Das geht vermutlich nur im Familienbetrieb. Apropos Familie, die Vorndrans besitzen das Brennrecht zwar schon seit 1896, doch Familien-»Chef« Claus hat die Schaubrennerei erst vor einigen Jahren eingeführt. Im Herbst gibt es eine Menge zu sehen, wenn die Brennerei in Aktion ist. Aber auch zu anderen Zeiten kann man sich mit wunderbaren Bränden und Likören eindecken. Dabei kommen eher exotische Dinge zur Destillation. Der Rhöner Brennesselschnaps zum Beispiel ist ideal als Digestif nach einer herzhaften Mahlzeit. Er »putzt« prima, auch wenn er nur 34 Prozent Alkoholgehalt besitzt. Wildkräuterlikör, Holunder- und Apfelweinlikör sind ebenfalls im Angebot. Auch hier legt Claus Vorndran großen Wert auf unbehandelte und pestizidfreie Grundprodukte, gleich ob Äpfel, Birnen oder Reneklöden. Den Grundstoff für den Kartoffelbrand pflanzt er deshalb gleich selbst an. Beim Probieren muss man sich möglichst vorher einigen, wer anschließend noch Auto fährt.

Wer übernachten möchte, sollte unbedingt reservieren, am besten telefonisch. Das Haus hat nur vier Zimmer (ein Einzel- und drei Doppelzimmer) im Angebot.

Sächsischer Hof

Erbaut 1623
Schankrecht 1708

46

Im Gebäude des Sächsischen Hofs befindet sich die **Rhöner Botschaft**
Bahnhofstraße 2
36466 Dermbach
036964 869230
www.rhoener-botschaft.de

RHÖNER KÜCHENSTERN
Restaurant *Rhöner Botschaft*

Die *Rhöner Botschaft* war in Hilders zu Hause. Kurz nach der Verleihung eines Michelin-Sterns musste Familie Leist das Haus schließen. Der frisch gekürte Sternekoch Björn Leist zog um. Ein altes Wirtshausgebäude aus dem Jahr 1623 wurde zur neuen Heimat in Dermbach in der thüringischen Rhön. Der Neustart 2018 gelang und inzwischen hat Björn nicht nur den Michelin-Stern zurück, sondern darf sich im Restaurantführer *Gault Millau 2021* über 16 Punkte und zwei Hauben für das *BjörnsOx* freuen. Dort wartet ein Acht-Gang-Menü auf maximal 15 Gäste. Wie sagt Björn: »Die Gäste wissen nicht, was auf ihren Teller kommt. Jeder ist eingeladen, sich auf Neues einzulassen, Zeit und Raum zu vergessen.« Fest steht nur, dass es eine Geschmacksreise durch die Rhön sein wird. Da prallen auch schon mal Blutwurst, Jakobsmuschel und Erbse aufeinander, mit garantierter Geschmacksexplosion.

Natürlich darf man diese Leistung schätzen und anerkennen. Vor Ehrfurcht erstarren muss niemand in der *Rhöner Botschaft*, da steht schon die Philosophie des Hauses entgegen: Auf dem Teller das Beste in entspannter Atmosphäre. Regionalität wird großgeschrieben, das deutsche »farm to table« gewissermaßen, die Präsentation der echten Rhön – wohlfühlen und genießen. Das zweite Restaurant der Botschaft heißt folglich auch *WohnZimmer*. Da wird zum Beispiel auch dem Sonntagsbraten gehuldigt, man weiß schließlich, dass man inzwischen in Thüringen zu Hause ist. Es gibt viele Varianten, aber Oma Elses Kartoffelklöße sind fast immer dabei.

Nach einem entspanntem Abend hat niemand mehr Lust, nach Hause zu fahren. Der *SaxenHof* bietet gemütliche Hotelzimmer mit modernem Standard und das Highlight ist das »Brettchenfrühstück« am nächsten Morgen. Alles wird frisch zubereitet und an den Tisch gebracht. Wer länger bleibt, kann die schöne Wellness-Landschaft genießen.

Wohlfühlen in der Rhön. Schon Ernest Hemingway huldigte dem Fliegenfischen im Feldatal und war deshalb im letzten Jahrhundert zu Gast im *Sächsischen Hof*.

47

Bei Interesse an einer Führung wenden Sie sich an den
Bionade Besucherservice
Nordheimer Straße 14
97645 Ostheim vor der Rhön
09777 9101831
www.bionade.de

BIONADE BRAUEN
Bionade-Stammwerk

Ja richtig gelesen, die Limonade mit dem Biosiegel wird gebraut. Zumindest das Konzentrat aus dem Stammhaus in Ostheim erfährt genau diese Behandlung. Brauereien gab und gibt es viele in Franken und damit auch in der fränkischen Rhön. Doch die kleine feine Brauerei, die heute wieder modern sein mag, war vor 30 Jahren oft nur ein schöner Traum. So erging es beinahe auch dem Erfinder des Erfrischungsgetränks. Dieter Leipold, inzwischen leider verstorben, stand mit seiner Brauerei vor dem finanziellen Aus. Auch deshalb entwickelte er eine »Limonade«, die mithilfe der im Brauprozess entstehenden Gluconsäure hergestellt wird. Das Ganze beruht auf dem Prinzip der Vergärung von Malz, ohne dass dadurch Alkohol entsteht. Als nach vielen Rückschlägen 1994 Leipolds erste gebraute Limonade den Markt erreichte, landete er einen Volltreffer.

Geworden ist daraus ein »Lifestyle-Produkt«, das gut schmeckt und auf rein biologischer Basis entsteht. Zur Erzeugung benötigt man natürliche Grundstoffe, und so profitierten die lokalen Anbaubetriebe von Bio-Braugerste, -Holunder und diversen Obstsorten von der Gründung des Projekts *Bio-Landbau Rhön*. Was so Hand in Hand regional begann, wurde zum Renner in ganz Deutschland. Sogar Coca-Cola hatte schon mal »angeklopft«, was aber negativ beschieden wurde. Zwischenzeitlich hatte die Marke harte Zeiten zu bestehen, hat aber die Krise, nach dem Kauf durch einen hessischen Mineralwasserkonzern, wieder besser im Griff. Neue Sorten wie Pflaume, Kräuter und Streuobst sowie Mate-Spezialitäten haben das Angebot erweitert. Die Produktion beruht nach wie vor zu 100 Prozent auf Bioprodukten.

Das Geheimnis der Bionade wurde durch die angebotenen Führungen auch zu einem touristischen Renner.

Die Einnahmen der Führungen fließen komplett in soziale und ökologische Bionade-Projekte. Führungen gibt es täglich nach Absprache. Anmeldung erforderlich!

48

Slowfood aus der Rhön:
Klaus Brückner

Aschacher Schlossstuben
Schlossstraße 24
97708 Bad Bocklet
09708 357
www.aschacher-
schlossstuben.de

KLAUS KOCHT KONSEQUENT
Aschacher Schlossstuben

Das schnelle Produkt ist nicht seine Sache. Er ist Rhöner mit Leib und Seele und besteht auf saisonale, regionale fränkische Produkte, deren Zutaten aus der Region stammen. Seine Philosophie trug dazu bei, dass er seit Jahren Fördermitglied der Slowfood-Bewegung ist.

Er fühlt sich der regionalen Küche kulinarisch verpflichtet. Sie sei ursprünglich sehr viel fleischärmer gewesen, erzählt mir Brückner, Linsen und Lauch spielten da eine Rolle. Mehlklöße gehören zu seinen Spezialitäten. Die gebackenen Klöße werden mit einem Spiegelei bedeckt, dazu reicht er Gurkensalat in Rahmdressing. Überhaupt Klöße: Es gibt sie als Kartoffel-, Mehl- und Hefekloß. Letztere als Süßspeise nach einem Kartoffeleintopf. Rhöner Lauchgemüse kommt bei ihm zusammen mit gebratenem Forellenfilet und Bratkartoffeln auf den Tisch. Die saisonalen Produkte reichen von fränkischem Spargel über Kürbis- und Pilzgerichte bis zu Ochsenschmorfleisch, Rhönlamm, Wildgerichten und Ente. Und auch der Plootz spielt in der Rhön eine wichtige Rolle. Einfach und schmackhaft, das sei die Devise der Rhöner Küche, meint Klaus Brückner, was ihn nicht daran hindert, auch Raffiniertes zu zaubern. Im Herbst gibt es beispielsweise *Wildragout Toskana* mit einer kräftigen, dunklen Rotweinsoße, Oliven und getrockneten Tomaten und Rosmarinkartoffeln. Auf der Karte finden sich stets auch gluten-, laktosefreie, vegetarische und allergikerfreundliche Gerichte. Und wie wäre es zum Nachmittagskaffee mit hausgemachten Nussecken oder Mandeltorte mit Marzipan und Schokolade?

Alles wird frisch zubereitet und ist zwangsläufig teurer als in Lokalen, die mit Fertigprodukten arbeiten. Deshalb gäbe es leider immer weniger Vertreter dieser Küche, sagt Klaus Brückner. Viele Restaurants und Gasthöfe hätten in den letzten Jahren schließen müssen. Im Gegensatz zu vielen Kollegen hat er noch nicht aufgegeben.

In regelmäßigen Abständen gibt es Abende mit historischen Menüs und dem unterhaltsamen Auftritt der einstigen Schlossherrin, Gräfin Luxburg.

49

Rhönhäuschen
Rhönhaus 1
97653 Bischofsheim/Rhön
09772 322
www.rhoenhaeuschen.de

DAS HOHE LIED DER FORELLE

Restaurant und Hotel *Rhönhäuschen*

Kulinarischer Standort in der Hohen Rhön gesucht? Ganz am Rande von Bayern, eigentlich fast schon Hessen, trifft man, an der Bundesstraße 278 zwischen Bischofsheim und Hilders, ganz unerwartet auf das *Rhönhäuschen*. Der erste Eindruck sagt einem: Das steht ja mitten im Wald! Der zweite Blick lässt einen feststellen, dass es zur nächsten offenen Hochmoorlandschaft nicht weit ist. Ein Hotel mit Restaurant direkt an einer Bundesstraße? Seine Lage ist in der Geschichte des *Rhönhäuschens* begründet: Als ehemalige Grenzstation zwischen Bayern und Preußen musste es natürlich an der Straße angesiedelt werden. Doch da muss man keine Angst haben: Bei meiner Übernachtung im Rhönhauschen war es nachts totenstill. Offensichtlich wird der Verkehr zu nächtlicher Stunde hier fast eingestellt.

Das Häuschen selbst ist innen größer als von außen vermutet. Die Restaurant-Räume strahlen eine rustikale Gemütlichkeit aus, die am Abend mit zusätzlichen weißen Tischdecken über der karierten Unterdecke aufgewertet wird. Die Getränkekarte bietet attraktive Frankenweine. Die Speisekarte hat neben Standardgerichten insbesondere leckere Forelle zu bieten. Die Zubereitungsart darf man sich aussuchen, blau oder auch gebraten und wahlweise komplett oder filetiert. Die Fische sind frisch und stammen aus Gersfeld, also gleich um die Ecke. Bei meinem Aufenthalt war der Service sehr zuvorkommend. Die Beurteilungsportale im Internet liefern trotz Betreiberwechsel immer noch ein durchwachsenes Bild.

Immerhin wurde nach dem Besitzerwechsel ein Großteil der Hotelzimmer renoviert. Das Angebot reicht hier von der kleinen Suite über Standardzimmer bis zu sehr einfachen aber auch günstigen »Wandererunterkünften«.

In der Nebensaison ist es unbedingt ratsam, vorab telefonisch anzufragen, damit die Küche nicht geschlossen ist und der Abend zur Enttäuschung wird.

50

Auf der **Hohen Geba** befinden sich die Gaststätte **Bergstübchen** sowie das **Drushba-Museum** im **Gebatreff**
Haus Nummer 2
98617 Rhönblick-Geba
036943 24597
www.hohe-geba.de

RUSSISCHES SPERRGEBIET
Spionageorte auf der Hohen Geba

Als ich bei meinen Rundreisen durch die Rhön das erste Mal auf die Hohe Geba fuhr, war ich voll gespannter Erwartung, auf welche Überreste der sowjetischen Sperrzone ich wohl treffen würde. Oben angekommen fand ich mich in einem Naturidyll wieder. Nichts übrig von 29 Jahren Sperrgebiet? Sagen wir: fast nichts.

Insgesamt standen hier einmal 31 Gebäude, die im Lauf der Besetzung gebaut worden waren. Als die Sowjetarmee 1961 mit einer fahrbaren Radarstation und etwa 70 Mann auf dem Berg ankam, gab es dort noch die später abgebrannte Meininger Hütte, damals eine FDJ-Herberge. Man beanspruchte etwa sechs Hektar Gelände, positionierte Radar-LKWs und stellte Zelte auf. Ein Jahr später wurde der Berg zum Sperrgebiet erklärt. Man ließ Holzhäuser bauen als Offiziersunterkünfte. 1963 zog ein komplettes russisches Bataillon auf der Geba ein. Kettenfahrzeuge mit Radaranlagen wurden auf Erdhügeln positioniert. Die Überwachung war in vollem Gange. Bis zu 500 Soldaten waren auf dem Berg stationiert, die Staatssicherheit folgte 1978. Es gab eine Tankstelle, einen Appellplatz mit Leninbüste und Hubschrauberlandeflächen. Man hatte sich auf Dauer eingerichtet. Die Geba als westlichster Überwachungsstandort war bei gutem Wetter in Sichtweite zu den Radoms, der englischen Abkürzung für Radardome, der U.S. Army auf der Wasserkuppe.

Die russische Armee blieb nach der Wende und bis zum 22. April 1991. An diesem Tag wurde das Gelände an die Bundeswehr übergeben. Wenige Wochen später, sinnigerweise zu Himmelfahrt, wurde das Gelände gestürmt und vieles zerstört. 26 der 31 Gebäude wurden im Lauf der Zeit abgerissen. Im Gebäude der verantwortlichen Offiziere ist heute die Gaststätte Bergstübchen untergebracht. Nur das sehr überschaubare Drushba-Museum erinnert noch an die Besetzung des Berges und die Großüberwachung gen Westen.

Hinter der Gaststätte Bergstübchen kann man Wohnmobile abstellen oder Zelte aufbauen. Übernachtungsmöglichkeiten bietet außerdem das *Rhön-Energiesparhaus.*

51

Radom Wasserkuppe
Wasserkuppe 950
36129 Gersfeld
0661 49988996
www.radom-
wasserkuppe.de

WIE DU MIR...
Spionageorte – Radom Wasserkuppe

Hinterher weiß in der Regel niemand mehr, wer angefangen oder sich zuerst bedroht gefühlt hat. Im sogenannten Sicherheitsdenken will jeder der Schnellere sein. Deshalb war es natürlich kein Wunder, dass dem Horchposten der Sowjetarmee eine entsprechende Radarüberwachung der U.S. Army gegenüber stand. Definitiv »angefangen« haben in diesem Fall die westlichen Alliierten. Das erste mobile Radargerät wurde 1947 auf der Wasserkuppe installiert und gehörte zu einer Kette von insgesamt 40 Nato-Radarstationen. Das erste Radom war 1959 fertiggestellt. In den Hochzeiten des kalten Kriegs standen insgesamt fünf Radoms auf der Wasserkuppe. Sie dienten, wie die erste mobile Anlage, offiziell zur Überwachung des militärischen Luftraums. Was sonst noch kontrolliert wurde, blieb natürlich geheim. Denn die Anlage stand dicht am sogenannten »Thüringer Balkon« (Formulierung Ost), dem Punkt, an dem die Amerikaner einen Durchbruch der Truppen des Warschauer Pakts befürchteten. Das realistische Planspiel hieß auf westlicher Seite »Fulda Gap«. Immerhin beinhaltete dieses Szenario damals den Einsatz von strategischen Kernwaffen in der Region um Fulda.

Mit der Annäherung der Großmächte übergab das US-Militärkommando die Radaranlage 1979 an die Bundeswehr. Die alte Technik wurde ersetzt und fünf Jahre nach der Wende ein neues Radom eingeweiht. Es dauerte geschlagene neun Jahre, bis die Technik wirklich funktionierte. Nach sechs Monaten Luftraumüberwachung wurde abgeschaltet und die Gerätschaften zum Berliner Flughafen Tempelhof transportiert. Das Gebäude blieb stehen.

Heute erfüllt das Radom unmilitärische Zwecke. Es ist im Sommer täglich geöffnet. Führungen finden auf Anfrage statt. Die Aussichtsplattform bietet einen fantastischen Blick über die Rhön gen Osten, wo einst die Grenze war.

Seit 2013 ist das Radom, als Außenstelle des Standesamts Gersfeld, der höchstgelegene Platz Hessens zum Heiraten (www.gipfel-der-liebe.de).

52

Point Alpha
Haus auf der Grenze

Point Alpha Stiftung
Platz der Deutschen
Einheit 1
36419 Geisa
06651 919030
www.pointalpha.com

ICH SAH DIR IN DIE AUGEN
Gedenkstätte Point Alpha

Dichter als am Point Alpha standen sich DDR-Grenztruppen und U. S. Army an der gesamten deutsch-deutschen Grenze nirgendwo gegenüber. Die Planspiele hatten dafür gesorgt, dass man im Westen genau an dieser Stelle zwischen dem hessischen Rasdorf und Geisa in Thüringen einen militärischen Durchbruch befürchtete. Entlang dieser Zone hatte die US-Armee sogenannte Observation Points eingerichtet. Der erste trug folgerichtig den Namen »OP Alpha«.

Dank des Engagements hessischer und thüringischer Bürger ist Point Alpha heute eine Gedenk- und Begegnungsstätte. Eine Ausstellung berichtet über die mörderischen Grenzanlagen und auch über die Deportation von Menschen aus der DDR-Sperrzone. Es wird eindrücklich gezeigt, was es bedeutet, wenn eine unmenschliche Grenze über das Leben von Menschen bestimmt, ein ganzes Volk einsperrt. Den bedrückend realen Teil der Führung erlebt man beim Ablaufen der ehemaligen Grenze. Man sieht die zeitliche Entwicklung der Grenzanlagen von den frühen 1950er-Jahren bis zur Wende 1989. Die Sperren werden mit jedem Meter und Jahr perfekter und brutaler. Am eigentlichen US-Beobachtungspunkt angelangt, kann man die Grenze in ihrer endgültigen Form mit Selbstschussanlagen, Zäunen, Kfz-Sperrgräben, Grenzmeldenetz und Beobachtungstürmen nachvollziehen. Eine Flucht durch diese Sperranlagen scheint aussichtslos.

Zu deren Erhalt wurde 2008 die *Point Alpha Stiftung* gegründet. Die *Point Alpha Akademie* im Schloss Geisa ist Stätte der politischen Bildung, die im Rahmen von Seminaren und Fortbildungsveranstaltungen die Kernthemen der Stiftung bearbeitet. Das Kuratorium Deutsche Einheit e.V. wiederum verleiht den Point-Alpha-Preis seit 2005 für Verdienste um die Einheit Deutschlands und die europäische Integration. Point Alpha ist kein Lieblingsplatz, aber ein wichtiger Ort.

Zu den Preisträgern gehören Helmut Kohl, Helmut Schmidt, Michail Gorbatschow, George Bush senior, Václav Havel, Lech Wałęsa, Wolfgang Schäuble, Wolf Biermann und Jean-Claude Juncker.

53

Führung am Point Alpha
Startpunkt: Haus auf der
Grenze

Point Alpha Stiftung
Platz der Deutschen
Einheit 1
36419 Geisa
06651 919030
www.pointalpha.com

WANDERER ZWISCHEN DEN WELTEN

Führung am Point Alpha

Diese Beschreibung trifft auf David Altheide in jeder Hinsicht zu. Er ist kein Mann aus der Rhön und trotzdem ist er Botschafter für den Teil der Rhöner Geschichte, der dazu geführt hat, dass man heute in zehn Minuten von Geisa in Thüringen nach Rasdorf in Hessen fahren kann. Dort lebt er, geboren ist er in Weida im Vogtland. 1989 kam er als Zehnjähriger mit Mutter, Schwester und Stiefvater über die bundesdeutsche Botschaft in Prag in den Westen.

Heute macht der Großhandelskaufmann Führungen am Point Alpha. Dort habe ich ihn kennengelernt. David gibt von Anfang an nicht den Unbeteiligten. Er steigt ein mit seinem eigenen Schicksal, berichtet über die schwierige Lage seiner Familie, da seine Mutter als 16-Jährige wegen versuchter Republikflucht verurteilt worden war. Er erzählt von seiner beinahen Zwangsadoption und der Kindheit in der DDR. »Im Kommunismus erzogen, war ich begeistert von unserem Staat«, erzählt er. 1988 habe er per Zufall einen noch nicht abgeschickten Ausreiseantrag der Eltern gefunden. Deren fehlende Linientreue kostete ihn die Aufnahme in die Thälmann-Pioniere. Mit viel Glück konnte die Familie, zum Besuch einer angeblichen Tante, nach Prag ausreisen und nach bangem Warten in den Westen. Die erste neue Errungenschaft sei Fruchtjoghurt gewesen, David Altheide habe gefühlte vier Kilo davon gegessen. Er erinnert sich auch an den Grenzübertritt in Hof. Als der Zug über die Grenze fuhr, sei es das erste Mal gewesen, dass er Wachtürme und Stacheldraht gesehen habe. Von Hof aus ging die Reise weiter nach Hessen.

Die Führungen am Point Alpha seien ihm ein tiefes Bedürfnis, sagt er. In seiner kindlichen Unkenntnis der Dinge habe er vieles nicht realisiert und sich später tief in die deutsch-deutsche Geschichte gegraben. Dies wolle er nun weitergeben. Damit nicht in Vergessenheit gerät, was nicht vergessen werden darf.

54

Am ehemaligen **Grenz-
übergangspunkt**
97638 Eußenhausen/
98617 Henneberg befindet
sich der
**Skulpturenpark
Deutsche Einheit**
www.skulpturenpark-
deutsche-einheit.de

SPERRANLAGEN UND AKTIONSKUNST

Grenzübergang

Das, was ich auf dem Gelände des ehemaligen Grenzübergangs »Eußenhausen/Henneberg« zu sehen bekomme, ist ein buntes Sammelsurium. Es ist ein wunderschöner Sommertag, an dem ich den ehemaligen Grenzübergang von Henneberg kommend überquere. Ich sehe die fast schon üblichen Ruinen, als auf einer Kuppe links ein großes goldglänzendes Tor in der Abendsonne auftaucht. Einige hundert Meter weiter finde ich den Wegweiser »Skulpturenpark Deutsche Einheit«, biege ab und parke.

Zunächst erwartet mich, bergauf gehend, eine vermeintliche DDR-Grenzübergangsstelle mit all den schrecklichen Kontrollposten, einem Fahrzeug-Rammbock sowie Wachhäuschen. Beim Nachlesen erfahre ich, dass hier Originalmaterial erst Jahre später zu Ausstellungszwecken aufgebaut wurde. Nicht echt also, denke ich und bin trotzdem beeindruckt. Jetzt geht es durch ein kleines Waldstück, und auf der Bergkuppe angekommen, stehe ich vor dem Skulpturenpark. Unterschiedlichste Werke hat der Aktionskünstler Jimmy Fell hier im Lauf der Jahre geschaffen oder zusammengetragen. Natürlich sind darunter ein Stück Mauer, witzig bemalt mit VW Käfer und Trabbi, sowie West- und Ost-Ampelmännchen. Da läuft man an einem Fahnenmeer vorbei, das den Weg Deutschlands nach Europa symbolisiert, geschaffen von Schülern aus Bayern und Thüringen, und dann steht man vor der *Goldenen Brücke* mitten im ehemaligen Todesstreifen. Sie beeindruckt allein wegen der Größe. Jimmy Fells Philosophie: Sie überspanne einen alten Grenzstein, deshalb stünde ein Bein in Bayern und das andere in Thüringen. Der Schirmherr der Brücke, die zwischen Juni und dem November 1996 gebaut wurde, war Altbundeskanzler Helmut Kohl.

Bei allem Durcheinander auf dem offenen Gelände macht die Sammlung Sinn und schafft eine besondere Atmosphäre. Die Kombination mag gewöhnungsbedürftig sein, der Funke aber springt über.

Am Grenzübergang ist der Ausgangspunkt des *Friedenswegs*, der auf 40 Kilometern die deutsche Geschichte zwischen 1945 und 1990 auf Wegtafeln beschreibt.

55

Das **Grüne Band** führt durch die gesamte Rhön entlang der ehemaligen Ost-West-Grenze www.erlebnisgruenes-band.de

Startpunkt Wanderung:
Infostelle am Schwarzen Moor
Schwarzes Moor 1
97650 Fladungen
09778 748516
www.biosphaerenreservat-rhoen.de

BIOTOPE, SCHAFE UND EIN KOLONNENWEG

Grünes Band

Bei der Festlegung der Region bekomme ich bei diesem Lieblings-platz Probleme. Die Rhön war Grenzland zwischen Ost und West, zwischen Bayern und Hessen auf der einen sowie Thüringen auf der anderen Seite. Damit zieht sich dieses renaturierte Paradies über hunderte von Kilometern durch die Rhön. Der ehemalige Todesstreifen zwischen BRD und DDR ist heute mit über 1.400 Kilometern die längste Aneinanderreihung von Biotopen in Deutschland. Nach der Vereinigung wurde, nach Minenräumung und Entfernung der Grenzanlagen, die Natur sich selbst überlassen mit überraschenden Ergebnissen. Das Biosphärenreservat Rhön wurde am Grünen Band unter anderem zu einem der letzten Orte, an dem das Heilkraut Arnika wächst. Der Schwarzstorch ist wieder eingezogen, und die grasenden Rhönschafe schufen neuen Lebensraum für Birkhühner. Rebhühner, Steinkautz und Wildkatze kehrten ebenfalls zurück.

Das Grüne Band wurde zum Naturparadies innerhalb des ohnehin schon fantastischen Biosphärenreservats. Einen ganzen Tag durch die unberührte Natur zu wandern, ist ein großartiges Erlebnis. Mein Picknick nahe des meist noch gut erhaltenen Kolonnenwegs mitten auf einer Wiese und im Schatten eines verfallenden Kontrollturms versetzt mich beim Selbstversuch in eine eigenartige Stimmung. Der Gedanke, auf einem Stück Natur zu sitzen, das vor der Wende der Vorhof zur Hölle war, macht nachdenklich.

Wer auf dem Grünen Band wandert, teilweise gibt es auch Radstrecken, erfährt augenscheinlich den Mix aus Paradies und Kontrollwahn, denn auf den Wegen kommt man immer wieder an Grenzanlagen, wie Point Alpha, und musealen Überresten vorbei. Zwei Wanderführer des BUND helfen bei der Planung der Wegstrecke. Zudem lassen sich Audioguides auf der Homepage der thüringischen Rhön downloaden beziehungsweise unterwegs an Audiopunkten per QR-Code scannen und anhören.

Für Kurzspaziergänger empfiehlt sich der Weg zum Grünen Band hinter der Infostelle am Schwarzen Moor. Nach circa 15 Minuten erreicht man den alten Kolonnenweg sowie einen Wachturm.

56

**Sandstein- und
Märchenhöhle**
Marienstraße 6
98639 Walldorf
03693 881277
www.sandsteinhoehle.de

SANDMANN IM SANDSTEIN

Sandstein- und Märchenhöhle

Walldorf hat eine Kirchenburg und hatte ein Schloss. Die Kirche in der Burg brannte 2012 aus, das Schloss wurde 2013 gegen den Widerstand des Amtes für Denkmalschutz abgerissen. Bestand hat die Sandstein- und Märchenhöhle, die aber keine Höhle im natürlichen Sinne ist. Sie ist vielmehr eine Art Bergwerk, in dem bis zum Beginn des 20. Jahrhunderts unter Tage Sandstein abgebaut und zu Sand verarbeitet wurde. Die Höhlung hat eine Größe von insgesamt 65.000 Quadratmetern, und das Labyrinth wird von über 2.500 Stützpfeilern gehalten. 1932 begann die touristische Erschließung, und seit 1952 sind Märchen- und Kinderfiguren in das Gewölbe eingezogen. Ergänzt werden die Märchenbilder von Dioramen, die das harte Leben der Sandmacherfamilien in früheren Zeiten darstellen.

Am Ortseingang von Walldorf befindet sich rechts ein Parkplatz, von dem aus man die Märchenhöhle in zehn Minuten zu Fuß erreicht. Angekommen falle ich zugegeben etwas vom Glauben ab, denn ich stehe einem Kinderfreizeitpark gegenüber, wie ich ihn mir in der DDR vorgestellt hätte: mit einer Wartburg-Kartbahn, einem Pool mit Schwan-Tretbooten, und aus einem Baumwipfel grüßt das Sandmännchen. Bunte Plaste und Elaste, geht es mir durch den Kopf. Kioske, Andenkenläden, ein SB-Restaurant und dann die Höhle. Normalerweise ist sie nur per Führung zugänglich. Wegen der Fotos darf ich allein rein ins dunkle Gewölbe. »Passen Sie auf Ihren Kopf auf«, ruft mir die Dame an der Kasse hinterher. Das ist ein guter Tipp, denn die Gänge sind niedrig.

Drinnen warten die Figuren- und Märchenszenen. Sie sind schön arrangiert und natürlich ist auch dem Ost-Sandmännchen samt Pittiplatsch und Schnatterinchen ein Schaubild gewidmet. Für Kinder, denke ich mir nach dem Besuch, ist das ein großes Abenteuer. Ich hatte auch Spaß bei meinem Ausflug ins eigene DDR-Vorurteil.

Wer Hunger hat, kann sich hier zu günstigen Preisen stärken. Jeden Sonntag gibt es als Extra Bratengerichte mit Thüringer Klößen.

DIE RHÖN — SPANNEND

57

**Erlebnisbergwerk
Merkers**
Zufahrtstraße (an der B 62)
36460 Krayenberg-
gemeinde-Merkers
03695 614101
www.erlebnisbergwerk.de

DIE WELT DES WEISSEN GOLDES
Erlebnisbergwerk Merkers

Es soll ein Erlebnis werden, darauf legt der Inhaber der vielen Salzbergwerke der Region, die Kasseler K+S, großen Wert. Merkers war bis 1990 fester Bestandteil des *Kalireviers Werra*, einer Bergbauregion, und wurde 1991 in eine Erlebnisstätte umgewandelt. Inzwischen hat sich Merkers in eine wahre Erlebniswelt verwandelt. Von Pop- bis Klassikkonzerten im ehemaligen Großbunker über Mountainbiketouren durch die Stollen, einem unterirdischen Hochseilklettergarten bis zum Merkerser Kristallmarathon reicht die Palette. Das Streckennetz unter Tage ist 4.600 Kilometer lang.

Schwankend zwischen Ehrfurcht vor der Fahrt ins Dunkle und Vorfreude stelle ich mich für die Tour an. Ausgestattet mit blauen Schutzjacken und Helmen geht es zur Einfahrt. Der Förderkorb schafft die Strecke von 500 Metern in die »Teufe«, wie der Bergmann sagt, in zwei Minuten. Dann beginnt die Tour durch die Abbaukammern auf knallgelben Mannschaftswagen. Es warten das Museum, riesige Förderbagger, eine Sprengsimulation, die dank Multimedia zum Spektakel wird. Schließlich erreicht man mit dem »Großbunker« eine gewaltige Halle von 250 Metern Länge und 14–17 Metern Höhe. Hier finden die Großveranstaltungen statt. Da es aber nicht täglich ein Konzert gibt, wartet eine Laser- und Musikshow. Das fasziniert und lässt mich vergessen, dass sich über mir 500 Meter Gestein befinden. Weiteres Highlight ist der Goldraum, in dem General Eisenhower 1945 die Goldreserven der Deutschen Reichsbank und wertvolle Bestände Berliner Museen ausfindig machte.

Jetzt schnell noch das Kleinod des Bergwerks, die 1980 entdeckte Kristallgrotte. Dank des ausgeklügelten Lichts funkeln die kleinen und großen Salzkristalle in allen Ecken. Ein Drink an der Kristallbar und es geht wieder nach oben. Schon, denke ich noch und stelle fest, dass fast drei Stunden vergangen sind.

Rechtzeitige Anmeldung für die aufregende Tour ins Erlebnisbergwerk ist ein Muss. Kinder unter zehn Jahren dürfen nicht in den Berg einfahren.

**Werra-Kalibergbau-
Museum**
Dickesstraße 1
36266 Heringen
06624 919413
www.kalimuseum.de

FLUCH UND SEGEN DES WEISSEN GOLDES

Werra-Kalibergbau-Museum und Monte Kali

Die Region am Rande der nördlichen Rhön ist geprägt vom »Weißen Gold«, dem Kalisalz. Was sich vor 250 Millionen Jahren als Salz austrocknender Meere in Gesteinsschichten ablagerte, wird seit 1900 hier abgebaut. Als ich zum ersten Mal auf Heringen zufuhr, war das ein besonderer Anblick. Die Steinsalzhalden beherrschen das Bild und verhindern den Blick auf die ersten Hügel der nördlichen Rhön. Die Heringer Abraumhalde, Monte Kali genannt, hat eine Höhe von über 200 Metern und wächst stündlich um 1.000 Tonnen. Das macht pro Jahr rund 7,2 Millionen Tonnen Salz. Die nächste Halde sieht man schon im Hintergrund. Sie liegt zwischen dem hessischen Philippsthal und Unterbreizbach in Thüringen. Auf den Bergen findet man Steinsalz, das wegen Verunreinigungen weder als Streu- noch als Speisesalz verwendbar ist. Die Produktion beschränkt sich auf das Düngemittel Kaliumsalz.

Diese Zusammenhänge und die Abbaubedingungen der Vergangenheit präsentieren sich im Werra-Kalibergbau-Museum. Hier bekommt man erklärt, wie der Kalibergbau funktioniert und warum der überwiegende Rest des Salzes, mehr oder weniger malerisch, in die Landschaft gekippt wird. Im Vordergrund steht dabei der Abbau mit Vermessung, Sicherheit und Frischluftversorgung der Bergleute. Kleine und große Sprengmeister kommen auf ihre Kosten. Das Abenteuer beginnt mit einer Führung auf den Berg. Glücklicherweise muss man nicht den ganzen Weg aufwärts »kraxeln«, nur etwa 15 Minuten.

Als ich mitten in dieser Salzwüste stand, wurde mir erst so richtig klar, wie viel Material hier im Lauf der Jahre aufgeschüttet worden war. Die von unten so klein erscheinenden Bagger und Kräne sind riesig, und ich kam mir ziemlich bedeutungslos vor. Das Salz im Grundwasser und die Produktionsabwässer stehen auf der Schattenseite der weißen Berge. Sie machen die Werra zum höchstbelasteten Fluss Europas.

Tickets für die Monte Kali-Tour sind im Museum erhältlich. Eine Voranmeldung ist für Gruppen zwingend, für Einzelbesucher dringend empfohlen.

59

**Kunststation
Kleinsassen e.V.**
An der Milseburg 2
36145 Hofbieber-
Kleinsassen
06657 8002
www.kunststation-
kleinsassen.de
www.malerdorf-
kleinsassen.de

EINE TRADITION FORTSCHREIBEN
Kunststation Kleinsassen

Ja, man wusste, dass in der Mitte des 19. Jahrhunderts jeden Sommer Maler ins kleine Dorf am Fuße der Milseburg gekommen waren. Sie huldigten der Mode, draußen in der Natur zu malen. Julius von Kreyfelt, ein Künstler der Düsseldorfer Schule, siedelte sich 1882 in Kleinsassen an, baute unter anderem ein Hotel und gab damit Malern die Chance, in damals modernen Künstlerkolonien in Ruhe zu arbeiten. Kreyfelt hielt dem Ort bis zu seinem Tod 1947 die Treue. Die Künstlerkolonie geriet danach in Vergessenheit.

Erst 1979 erinnerte man sich der Werke von Kreyfelt und dem einheimischen Naturtalent Paul Klüber. Es wurde eine Ausstellung organisiert, die in der Idee mündete, eine Kunstwoche zu organisieren. Diese zeichnete sich dadurch aus, dass sich die Kleinsassener Ställe, Höfe und Scheunen als Ausstellungsfläche zur Verfügung stellten. Dank der Initiative der VHS Fulda eröffnete man in der ehemaligen Dorfschule unter dem Namen »Kunststation« ein Forum für Kunst. Kunstaktionen und regelmäßige Ausstellungen werden veranstaltet, eine freie Kunstschule wurde gegründet. Man arbeitet mit internationalen bildenden Künstlern zusammen. Der große Clou ist die Kunstwoche. Jedes Jahr im August erlebt der Ort einen bunten Jahrmarkt von Künstlern und Kunsthandwerkern.

Ich war zur Kunstwoche dort und habe erstaunt festgestellt, dass sich in diesen acht Tagen ein Rhöndorf in ein Kunst-Massenspektakel verwandelte. Der Ortskern wird gesperrt, die Besucher parken auf insgesamt drei Plätzen am Ortsrand, so groß ist der Andrang selbst an Werktagen. Natürlich wartet auch die Kunststation mit entsprechendem Programm auf, es gibt Theater, und ein ganzes Dorf wird zur Herberge für eine Künstlerkolonie, wie einst im 19. Jahrhundert. Man frönt der Kunst und alle haben Spaß, Besucher wie Einheimische. Ohne die Kunstwoche würde in Kleinsassen etwas fehlen.

Rund um Kleinsassen gibt es drei Wanderwege. Auf am Weg angebrachten Schildern sind Bilder an ihrem Entstehungsort abgebildet: eine Kunst- und Natursymbiose.

60

**Pfundsmuseum
Kleinsassen**
Julius-von-Kreyfelt-
Straße 1
36145 Hofbieber-
Kleinsassen
0178 1974424
www.pfunds-museum.de

PFUNDIG UND WITZIG
Pfundsmuseum Kleinsassen

Das Haus war bei meinem Besuch fast leer, aber selbst ohne Publikum ist das Pfundsmuseum voll bis zum Dach und zur Decke. Direkt unterhalb der Kasse liegen schon Teile der Objekte, die für Museumsgründer Reinhard Kremer Stoff der Sammelbegierde waren. Die großen, schweren Eisenkugeln aus dem 19. Jahrhundert machen was her. Sie dienten dem Betrieb von Viehwaagen und nicht, wie manch einer annehmen könnte, zum »Beschweren« von Häftlingen. Bei der Personenwaage hinter der Theke ist der Zweck klar zu erkennen. An das rot-silberne Ding mit Kartenausgabe, auf der das Gewicht steht, kann ich mich noch aus Kindheitstagen erinnern. Hab ich die nicht auf Bahnhöfen gesehen? Gut, dass der 2020 verstorbene Reinhard Kremer so eine Sammelwut hatte, sonst wären sie in Vergessenheit geraten.

Beim Durchlaufen der Fläche wird einem erst so richtig klar, wie unterschiedlich die Maß- und Wiegeeinheiten auf der Welt waren und wie sehr wir beim Handel auf sie angewiesen sind. Von der riesigen Vieh- bis zur kleinsten Chemikalienwaage reicht die Bandbreite. Gemessen wurde aber nicht nur Masse, sondern auch Länge, Höhe, Breite und Fläche. Die Vermessung des Museums in 3.125 altfuldaischen Quadratfuß (circa 250 Quadratmeter) ist nur ein Beispiel. Man lernt: Es gab auch Ellen, Meilen und vieles mehr. Gewogen und gemessen hat man auch schon vor mehr als 2000 Jahren. Gewichte aus der Antike und dem Mittelalter zeugen davon. Die Ausstellungsstücke stammen aus allen Zeiten und der ganzen Welt.

Erinnerungen werden wach an Markttage, an die Waage mit den zwei Schalen und den zwei sich bewegenden Markierungen, die mit Metallklötzen in die »Waage« gebracht werden mussten. Gewichte gegen Kartoffeln: noch eine mehr oder zwei? Irgendwann hat es gestimmt. Ein guter Kartoffelmann hat immer noch eine drauf gepackt. Großzügigkeit lässt sich nicht auswiegen.

Eventuell können Sie beim Eintritt ins Museum sparen. Auf Wunsch wird ab zwölf Personen auf einer großen Viehwaage gewogen, Eintritt: fünf Cent pro Kilo.

61

Wasungen
Startpunkt für Rundgang:
Tourist-Information
Untertor 1 – Damenstift
98634 Wasungen
036941 71505
www.wasungen.de

WOESINGE AHOI— KARNEVAL UND FACHWERK

Rundgang durch die Fachwerkstadt

Auf das Jahr 874 geht die Geschichte Wasungens zurück. Seit mindestens 1524 wird in der Stadt Karneval gefeiert. Das weiß man so genau, weil aus diesem Jahr eine Stadtrechnung existiert, die belegt, dass der Bürgermeister Freibier für die Mitwirkenden des Fastnachtstreibens gekauft hat. Bei meinem Besuch merke ich, auf den ersten Blick, natürlich wenig von der Karnevalstradition, umso mehr beeindrucken die vielen Fachwerkhäuser, die an der Durchgangsstraße stehen. »Fränkisch-hennebergischer-Stil«, sagen Experten, erkennbar an geschwungenen und verzierten Fachwerkkreuzen. Diese Andreaskreuze sind erforderlich, um die senkrechten und waagrechten Balken zu versteifen. Im hiesigen Stil verlaufen sie nicht gerade, sondern geschwungen.

Auf dem Weg zum Damenstift, dem wohl schönsten Wasunger Fachwerkhaus, sitzt auf dem Schild eines Schuhgeschäfts Till Eulenspiegel. Am Brunnenplatz begegnet mir eine Narrenskulptur. Die Karnevalisten sind offensichtlich doch präsent. Im Damenstift befindet sich nicht nur die Tourist-Information, sondern auch das Thüringische Karnevalsmuseum. Die Tür ist trotz offizieller Öffnungzeit verschlossen, aber man öffnet mir gern. Träger ist der Landesverband Thüringer Karnevalsvereine, und so findet man im kleinen Museum Exponate aus dem ganzen Land. Ein besonderes Augenmerk richtet sich dabei auf die Situation des Karnevals zu DDR-Zeiten. So stolpert man über Kuriositäten, wie die Geschichte vom kleinsten Karnevalsclub Thüringens. Dieser hatte nur zwei männliche Mitglieder, die den Elferrat verkörperten, also entstand die närrische Formel 1+1=11. Die Wasunger Narren waren da mit rund 400 Mitgliedern bei 3.500 Einwohnern, immer besser dran.

Wieder draußen, genieße ich Sonne, Fachwerk und den Duft von Thüringer Bratwurst vom Metzgereigrill am Marktplatz. Schön ist es hier.

Pflanzenfreunde finden in den Forstbotanischen Anlagen Wasungen ein Kleinod von 162 Gehölzgattungen mit 1.700 verschiedenen Arten und Formen.

62

**Dampflokwerk
Meiningen**
Am Flutgraben 2
98617 Meiningen
03693 851602
www.dampflokwerk.de

MEISTER DER RESTAURIERUNG
Dampflokwerk Meiningen

Das Bahnbetriebswerk Meiningen hat eine lange Geschichte. Sie begann 1863 mit dem Bau einer kleinen Lokwerkstatt für die 1858 eröffnete Werra-Bahn und mauserte sich bis heute zur letzten noch existierenden Instandhaltungswerkstatt für Dampflokomotiven in Mitteleuropa. Die Mitarbeiter haben es einfach drauf, mag man sehr salopp sagen. Neben der Reparatur kümmert man sich in Meiningen auch um Sonderprojekte. So verdankt die schnellste Dampflok der Welt dem Werk ihre Existenz. Die *18 201* wurde 1961 für die Deutsche Reichsbahn der DDR entwickelt und erreichte eine Spitzengeschwindigkeit von 176 Kilometer je Stunde.

Nach 1989 und der Umbenennung in »Dampflokwerk« erweiterte das Unternehmen sein Angebot. Es werden seitdem Schneeräumloks gebaut und die schweren Kranwagen für Bergungsmaßnahmen instand gehalten. Reparatur und Instandhaltung der Dampflokomotiven, die heute auf unzähligen Museumsbahnen im Einsatz sind, machen jedoch den Hauptbestandteil der Arbeit aus. Gleich ob es die Frankfurter Museumsbahn ist, die Harzer Schmalspurbahn, der Rügensche BäderBahn oder der Molli der Kleinbahn Kühlungsborn-Bad Doberan an der Ostsee, ohne die Wartung in Meiningen gäbe es viele dieser mechanischen Wunderwerke heute nicht mehr. Inzwischen ist auch das Ausland auf Meiningen aufmerksam geworden. Der Höhepunkt der Auslandsaufträge war sicher der Bau eines neuen Kessels für die *3801*, eine Langstreckenlok der *Rail Corporation New South Wales* in Australien. Den Titel »Kompetenzzentrum« trägt das Werk zu Recht, denn alles, was dampft und schnauft, ist hier in guten Händen.

Den vielen Eisenbahnfans trägt man inzwischen ebenfalls Rechnung. Von April bis Oktober wird das Werk jeden Samstag, die restlichen Monate jeden ersten und dritten Samstag, für Besichtigungen geöffnet. Gruppenführungen sind nach Voranmeldung auch wochentags möglich. Freunde der Eisenbahnromantik sind hier goldrichtig.

Jährlicher Höhepunkt sind die Meininger Dampfloktage Anfang September. Dann werden Loks angeheizt, es finden Fahrten statt, und man huldigt der Historie.

63

Alte Schätze:
**Orgelbaumuseum Schloss
Hanstein e.V.**
Paulinenstraße 20
97645 Ostheim vor
der Rhön
09777 1743
www.orgelbaumuseum.de

DIE KÖNIGIN DER INSTRUMENTE

Orgelbaumuseum Schloss Hanstein

Natürlich fragt man sich, warum gerade Ostheim ein Orgelbaumuseum besitzt. Mir geht es ähnlich, und deshalb führt mich der Weg ins Schloss Hanstein. Ursprünglich ein spätmittelalterliches Adelsgut, steht es mitten im Städtchen, von der Hauptstraße gut auszumachen. Gleich nach dem Betreten der Ausstellung wird mir das Warum klar. Ostheim blickt auf 400 Jahre Orgelbau zurück, und eine Landkarte mit Leuchtpunkten verdeutlicht die regionale Verbreitung der heimischen Orgeln, insbesondere in Franken und der Rhön. Johann Ernst Döring, Johann Georg Markert Vater und Sohn sowie Otto und Louis Hoffmann legten die Grundsteine, und der Meisterbetrieb für Pfeifenorgelbau Hoffmann und Schindler existiert bis heute in der Stadt. Die erwähnten »Orgelheiligen« werden im Museum entsprechend gewürdigt.

Das sei die Grundlage, auf der die Ausstellung aufbaue, sagt Museumsleiter Jörg Schindler. Folglich trifft man auch zuerst auf die Ostheimer Orgelbauer und darf direkt danach einen Blick in eine Orgelmacherwerkstatt werfen. Die großen historischen oder nachgebauten Orgeln stehen in den darüberliegenden Etagen. Da sieht man zum Beispiel ein Exemplar aus dem Jahr 1350 und staunt. Staunt wegen des kunstvollen Stücks und der noch nicht erfundenen Register. Großer Wert wird auf die Erklärung der Technik gelegt. Erst mit Erfindung der Elektrizität konnte der nötige Luftstrom automatisch erzeugt werden. Davor brauchte man handbetriebene Blasebälge, um einer Orgel Töne zu entlocken. Eine auf den ersten Blick schwierige Materie wird plötzlich auch für Nichtmusiker interessant.

Der Ostheimer Klangweg verbindet das Orgelmuseum und die Kirchenburg mit wohlklingenden Musikstationen aus Holz. Er führt durch die Gassen der Altstadt und bietet die Stille zum Hören. Eine Attraktion die der Musiktradition Ostheims gut steht.

An der Hauptstraße durch Ostheim warten nicht nur schöne Fachwerkhäuser, sondern auch Läden und Restaurants. Ein schöner Abschluss des Besuchs in Ostheim.

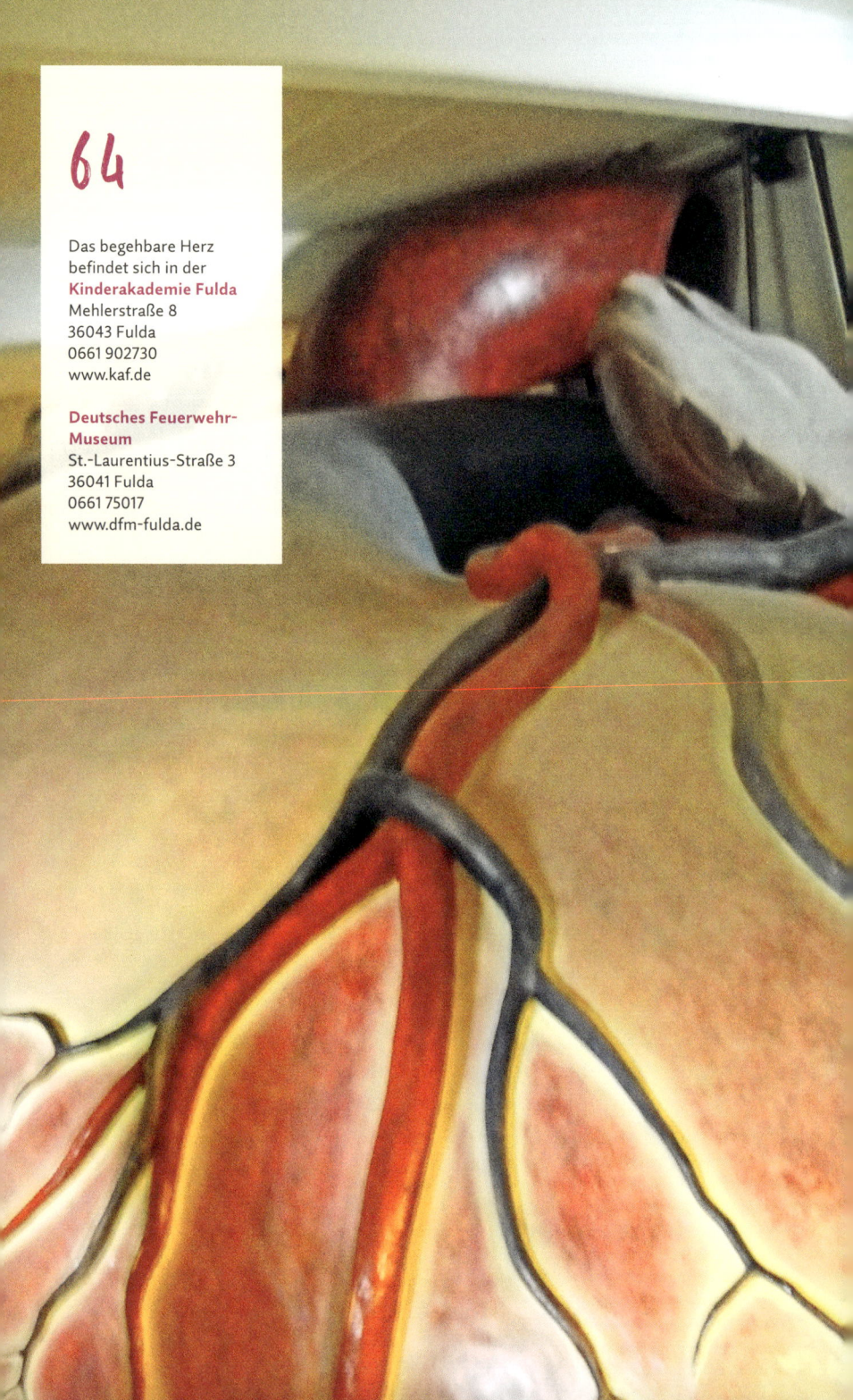

64

Das begehbare Herz
befindet sich in der
Kinderakademie Fulda
Mehlerstraße 8
36043 Fulda
0661 902730
www.kaf.de

**Deutsches Feuerwehr-
Museum**
St.-Laurentius-Straße 3
36041 Fulda
0661 75017
www.dfm-fulda.de

HERZSPEZIALISTEN UND FEUERWEHRLEUTE
Kinderakademie Fulda

Vielleicht liegt der Reiz des ersten hier vorgestellten Museums in der Tatsache, dass es kein wirkliches Museum sein will. Die Kinderakademie Fulda ist nach dem Vorbild amerikanischer Kindermuseen aufgebaut worden. »Lernen durch Interaktion« könnte man die Philosophie zusammenfassen. Kernstück des Museums ist ein begehbares Herz. Es ist mit 36 Quadratmetern Fläche und 5 Metern Höhe einzigartig. Kinder und auch Erwachsene können die vier Herzkammern durchklettern und dabei kennenlernen. Wer noch nie durch ein menschliches Herz gekrochen ist – und wer ist das schon? –, sollte das unbedingt nachholen. Dass beim Herzschlag messen mit echten Stethoskopen viel über das Organ zu lernen ist, das uns lebendig erhält, ist ein guter Nebeneffekt. Und keine Scheu als Erwachsener: Der älteste »Herzbesucher« bisher war 92 Jahre alt. Wochentags ist hier viel Betrieb, denn die Kinderakademie gehört mit dem Herz und vielen regelmäßig wechselnden Sonderausstellungen zum festen Lehrprogramm vieler Schulen. Spielen, fragen und dabei lernen ist das Credo der Museumspädagogen.

Im Deutschen Feuerwehr-Museum schlagen große und kleine Herzen höher. Alle Möchtegern-Feuerwehrleute bekommen einen Überblick über das Löschwesen vom 14. Jahrhundert bis in die Neuzeit. Da staunt die ganze Familie, wenn man sich vorstellen soll, dass vor 500 Jahren noch mit Ledereimern und Brunnenwasser gelöscht werden musste. Was trocken klingt, wird spätestens bei den ausgestellten Fahrzeugen zum Knalleffekt. Das ging auch mir so, als ich vor dem alten Magirus-Leiterwagen stand, den ich einst als Modellauto besessen hatte und mit dem viele Brände meiner Spielzeugwelt gelöscht worden waren. Regelrecht aufregend war das Wiedersehen mit einem Drehleiterfahrzeug aus dem Jahr 1952. Ja, damit habe ich früher meine Runden gedreht, auf dem Kinderkarussell.

Der Museumsshop der Kinderakademie hat viele witzige, wertvolle Spiele und Bücher im Angebot. So kann man den Kleinen in der Familie ein Geschenk machen.

65

Deutsches Fahrrad-museum
Heinrich-von-Bibra-
Straße 24
97769 Bad Brückenau
09741 938255
www.deutsches-fahrrad-
museum.de

FREIHERR VON DRAIS WÄRE STOLZ
Deutsches Fahrradmuseum

Eigentlich ist es unverständlich, dass es in Deutschland tatsächlich erst seit 2004 ein Fahrradmuseum gibt. Die Jugendstilvilla *Füglein* ist seit ihrer Eröffnung zum Mekka vieler Radfans aus aller Welt geworden. Vielleicht würden wir ohne Ivan Sojc sogar noch heute auf ein solches Museum warten, denn er hat das eigentliche Kapital eingebracht: seine Fahrradsammlung. Natürlich erhält das Museum eine kleine Unterstützung von Stadt und Bezirk Unterfranken, das deckt den Etat aber nur zu einem Viertel. Deshalb greife ich gerne in meine Geldbörse an der Kasse, gleich rechts hinter dem Eingang.

Was auf zwei Etagen der Villa auf mich wartet, ist unerschöpflich. Kein Gang, keine Ecke, kein Winkel wird nicht als Ausstellungsfläche genutzt. Die Exponate wurden aus fast 200 Jahren Fahrradgeschichte zusammengetragen und reichen von einem der Drais'schen Laufräder aus dem Jahr 1820 bis zu Rennrädern der 1960er-Jahre. Es warten Hochräder, Niederräder, Holzräder, Vollgummireifen-Räder, Dreiräder, Fahrradkutschen und natürlich auch Kinderroller und andere Spielzeuge. An einem Ort konzentriert lässt sich die komplette deutsche Fahrradentwicklung nachvollziehen. Die Exponate werden in ihrer Darstellung abgerundet durch historische Werbetafeln und ausgefallenes Zubehör. In einem der Räume findet sich sogar ein komplett restaurierter Fahrradladen, wie es ihn vor 90 bis 100 Jahren gegeben hat. Diese Sammlung könnte problemlos eine Fabrikhalle füllen. Leider gibt die Villa, die von den Betreibern Mona Buchmann und Ivan Sojc gekauft wurde, nicht mehr Platz her. Eigentlich müsste man ein neues Museum bauen. Die Mittel dafür fehlen leider, und so ist die Reise in die Geschichte des Fahrrads ein sehr dicht gedrängtes Vergnügen.

Fahrradfans kommen dabei voll auf ihre Kosten und können sich nach dem Besuch im Untergeschoss im Café M. stärken.

Im Außenbereich des Museums kann man ausgefallene Räder ausleihen und ausprobieren. Die Fahrt auf einem Hochrad kann zur Herausforderung werden.

DIE RHÖN – ENTSPANNEND

66

Ambiente für Majestäten:
Bad Kissingen
Sissi-Denkmal
Altenberg
97688 Bad Kissingen

Tourist-Information
Arkadenbau
direkt im Kurgarten
97688 Bad Kissingen
0971 8048444
www.badkissingen.de

VOM WANDELN DURCH DIE STADT
Altenberg mit Sissi-Denkmal

Könige und Kaiser sind hier gewandelt. Ich habe mir eigentlich vorgenommen durch die Stadt zu gehen, aber die Grenzen der Bewegungsarten verschwimmen schnell. Die Sissi, Kaiserin Elisabeth von Österreich, ist wohl eher bergauf gestürmt bei ihren Gängen auf den Altenberg. Die Dame tat etwas für ihre Fitness. Ihr zu Ehren wurde auf dem Berg im Jahr 1907 ein Denkmal errichtet. Ich hingegen werde, morgens um sieben, lediglich mit einem wunderschönen Blick auf die Stadt belohnt. Die Saale durchzieht das Kurviertel. Erst von hier oben erkennt man die Größe von Bauten und Kurpark. Berge und Hügel der südlichen Rhön glänzen im Sonnenlicht, Tau und Regentropfen der Nacht legen einen Weichzeichner über die Szene. Die Welt ist, der Tageszeit entsprechend, noch in Ordnung.

Zurück im Tal durchschreitet man den Luitpoldpark. Die Sportgeräte der Fitnessanlage *Die 5 Bad Kissinger* erinnern mich daran, mehr für meine Gesundheit zu tun. Ich ziehe die meditative Stimmung des Klanggartens vor. Sphärischer Sound einer Klanginstallation mischt sich mit Vogelgezwitscher aus dem Park. Hier möchte ich sitzen bleiben, doch es beginnt zu regnen. Also weiter zum Frühstück. Bis in die 1930er-Jahre hinein war es üblich, nach der Einnahme eines Glases der Rakoczy-Heilquelle im Kurgarten vor dem Arkadenbau zu flanieren und sich sein Frühstück an einem mobilen Bäckereistand zu kaufen. Heute muss man dazu in die Kissinger Fußgängerzone – mein Tipp: Café Eck-Bäck in der Ludwigstraße – sein Glück versuchen. Den berühmten *Kissinger*, einen Butterplunder mit Nussfüllung, habe ich leider nicht gekriegt, dafür stehe ich fünf Wagenrädern der Gattung Plootz gegenüber. Ein Stück mit Rhabarber belegt, ein Cappuccino, und die Zeit ist reif für den Gang zum Rosengarten.

Absolut sehenswert ist auch die Kissinger Saline. Sie ist das älteste Gradierwerk Europas. Zum örtlichen Angebot gehört natürlich auch eine Spielbank.

67

Kurbezirk
Startpunkt Spaziergang:
Regentenbau
Ludwigstraße 2
97688 Bad Kissingen
www.badkissingen.de

Kissinger Sommer
Rathausplatz 1
97688 Bad Kissingen
0971 8048444
www.kissingersommer.de

DIE WERTVOLLEN DINGE DES LEBENS
Spaziergang durch den Kurbezirk

Bade- und Kurorte sollen zur Gesundung beitragen. Heute sollen sie auch helfen, die Gesundheit zu erhalten. In modernen Kurorten geht es immer öfter um Prophylaxe. Damit will man das verstaubte Image aufpolieren. Wer meint, Bad Kissingen als bekanntestes deutsches Staatsbad habe derlei nicht nötig, sieht sich getäuscht.

Gediegen, das ist mein erster Gedanke beim Schlendern durch die Stadt. Das Heilbad gibt sich traditionell. Die Architektur im Kurbezirk unterstreicht den vornehmen Eindruck. Ein Gang durch Wandelhalle und Trinkkuranlage verstärkt das Gefühl. Um die Wende zum 20. Jahrhundert war Kissingen der Kurtreff des europäischen Hochadels. Bayerns Könige, Sissi und Franz-Joseph, Majestäten aus Österreich, waren Dauergäste, und mitunter gab sich auch der russische Zar die Ehre. In dieser Zeit entstand das architektonische Kleinod Wandelhalle, Arkaden- und Regentenbau. Doch die Pracht hielt nicht ewig. Kamen in den 1950er-Jahren immer mehr Sozialversicherte zur Kur, nahm dies 30 Jahre später, mit der Gesundheitsreform, ein schleichendes Ende. Bad Kissingen musste aufrüsten: In Sachen Kur mit der KissSalis-Therme, kulturell mit dem Kissinger Sommer, einem Musikfestival erster Güte. Künstler wie Lang Lang oder Cecilia Bartoli waren schon zu Gast im Regentenbau. Zwischenzeitlich hatte man auch Popgrößen wie Bryan Adams zu Gast. Dieses Experiment war aber auf Dauer zu kostspielig bei einer geringen Akzeptanz der Kurgäste. So versucht man es jetzt bei jüngeren Gästen mit der Resilienz, der Wiederherstellung von psychischer Gesundheit nach stressigen Lebensumständen.

Entschleunigung, Erholung, Auszeit für Körper, Seele und Geist sind die Stichworte dieser Neuorientierung. Damit lassen sich die neuen Ansätze mit der Bad Kissinger Tradition in Einklang bringen.

Kissingen ist berühmt dafür, sich auch heute noch fast täglich Kurkonzerte zu leisten. Das Kurorchester trägt inzwischen den Namen *Staatsbad Philharmonie*.

68

Aparthotel Hohenzollern
Kurhausstraße 29
97688 Bad Kissingen
0971 71900
www.hotel-
badkissingen.de

ZUHAUSE BEI FAMILIE KANZ

Aparthotel Hohenzollern

Unterwegs zu Hause fühlen – das steht zwar nicht auf der Internetseite, doch die Gastgeberin weiß, wie man das Gefühl vermittelt. Ein Hotel eröffnen wollten Gabriele und Alfred Kanz nicht, nur Ferienwohnungen vermieten war ihnen aber zu wenig. Folgerichtig mischten sie die beiden Konzepte und bieten seit Jahren im Hohenzollern kleine und große Apartments an, für die auf Wunsch ein Hotelservice gebucht werden kann.

Mir wurde das Haus empfohlen, da es direkt am südlichen Einstieg des Premiumwanderwegs Hochrhöner liegt und gleichzeitig in Laufweite zu den Kureinrichtungen. Wohlfühlen wird hier großgeschrieben. Was vor Jahren als leer stehende Kurklinik daherkam, wurde in eine von Jugendstilelementen geprägte Villa umgebaut. Das Hohenzollern besitzt die Zertifizierung von vier Sternen für Ferienwohnungen und hat trotzdem Hotelqualitäten. Im hauseigenen Restaurant kann man wahlweise Frühstück oder Halbpension zu sich nehmen. Man kann es auch lassen und sich in der eigenen Küche selbst verpflegen. »Wie der Gast will«, sagt Gabriele Kanz, »wichtig ist für jeden die individuelle Freiheit.« Alle Leistungen sind täglich neu wählbar. Heute keine Lust aufs Frühstück? Kein Problem, dann eben morgen. Heute Abend ein Menü im Restaurant? Jederzeit gerne.

Ein schönes Haus mit Service auf Abruf, mit einer hilfsbereiten und freundlichen Rezeption mitten in Kissingen. So wohnen auch Kurgäste im Haus, und das selbstverständlich länger. Natürlich ist das Hohenzollern kein Designhotel. Nachtleben findet nicht statt. Aber das braucht es auch nicht in diesem ruhigen Haus. Die Besitzerin ist zudem stolz darauf, dass sie die günstigen Mietpreise in den letzten Jahren kaum angehoben hat. Das Motto des Aparthotels: mit fränkischer Herzlichkeit in familiärer Atmosphäre wohlfühlen. Das gelingt!

Wanderer oder Radfahrer on tour? Es stehen Waschmaschinen und Wäschetrockner sowie abschließbare Fahrradboxen für die Gäste zur Verfügung.

FÜR DAS BESTE DER
LEIDENDEN MENSCHHEIT
ERBAUT IM JAHRE 1787.

69

Staatsbad Bad Bocklet
Startpunkt Spaziergang:
Staatsbad und Touristik
Bad Bocklet
Kurhausstraße 2
97708 Bad Bocklet
09708 707030
www.badbocklet.de

EISERNE GESUNDHEIT

Durch das Staatsbad flanieren

Gesundheit, Ruhe, Natur. Diese drei wichtigen Elemente wirft das Bayrische Staatsbad in die Waagschale. Ketzer mögen lästern, dass es das auch gewesen sei, aber sind nicht genau diese drei Bestandteile das, wonach wir uns im stressigen Alltag sehnen? Bocklet bietet Ruhe und Natur in Hülle und Fülle.

Auch hier gab es einst geistliche Herrscher. Dass der Ort bis 1803 zum Besitz des Würzburger Hochstiftes gehörte, zeigt an, wie weit südlich er liegt. Rund zehn Kilometer sind es zum Kurnachbarn, der Kreisstadt Bad Kissingen.

Auch wenn die offizielle Ernennung zum Badeort erst 1937 erfolgte, geht die Geschichte der Quelle von Bad Bocklet sehr viel weiter zurück. 1724 entdeckte der Aschacher Pfarrer Johann-Georg Schöppner die Quelle, die der fürstbischöfliche Hof ganz selbstverständlich für sich beanspruchte. Um dies machtvoll zu bekräftigen, beauftragte man in Würzburg den Barockbaumeister Balthasar Neumann mit der Fassung derselben. Das muss ihm gut gelungen sein, denn die Quelle trägt heute seinen Namen. Das Quellwasser bietet viel Gesundes, auch wenn der Witz kursiert, dass Deutschlands eisenhaltigste Heilquelle die Einwohner von Bocklet nicht sterben lasse, sondern dafür sorge, dass sie verrosten.

Erst nach der Säkularisierung hatten Bürger und Gäste Zugriff auf die Quelle und den später entstandenen Brunnen. Bessere Herrschaften gingen aber weiter in der Stadt ein und aus. Bismarck und die spätere Kaiserin Auguste Viktoria, Gattin von Wilhelm II., waren des Öfteren auf Schloss Aschach zu Gast, genossen das gesunde Wasser und lustwandelten im riesigen Kurpark. Dessen Ausmaße von 14 Hektar beeindrucken auch heute noch und sind für viele selbst zahlende ältere Gäste ein Hauptargument für die Fahrt nach Bocklet.

Bad Bocklet ist spezialisiert auf Ayurveda-Behandlungen. Diese gibt es im Hotel Kunzmann's sowie im Spa-Badehaus des Kurhaus Hotels. Ambulante Therapie ist möglich.

70

Staatliche Kurverwaltung
Heinrich-von-Bibra-
Straße 25
97769 Bad Brückenau
09741 8020
www.badbrueckenau.com

 # LUDWIG, LOLA UND SKANDALE
Staatsbad Kuranlagen

Einmal mehr hatten die Fuldaer Fürstäbte ihre Finger im Spiel. 1747 wurde die erste Heilquelle entdeckt in Bad Brückenau, und aus Fulda gab es den Erlass zum Ausbau eines Kurortes. Den wirklichen Aufschwung erlebte die Stadt allerdings ab 1816 mit der Zugehörigkeit zum Königreich Bayern. König Ludwig I. kam zwei Jahre später zum ersten Mal in die Stadt und dann immer wieder. Es soll Sommer gegeben haben, in denen Bayern durchgehend vom Fürstenhof in Bad Brückenau regiert wurde. Die Ferne zur Münchner Residenz lebte Ludwig reichlich aus. Seine Affäre mit der irischen Tänzerin und Hochstaplerin Elizabeth Rosanna Gilbert, besser bekannt unter dem Namen Lola Montez, bewegte 1847 den höfischen Klatsch. Lola verbrachte den Sommer im Kurbad am Rande der Rhön. Bis zum Ende der Affäre hatte sie den König um 158.000 Gulden erleichtert, nach heutiger Kaufkraft wären das immerhin 2,3 Millionen Euro. Die Unruhen rund um die Affäre kosteten Ludwig I. ein Jahr später den Thron. Bad Brückenau aber hielt er bis 1862 die Treue.

Die Spuren der regen Bautätigkeit sind Bad Brückenau bis heute erhalten und bilden eine majestätische Kulisse aus Bauten und Kurpark. Natürlich ist die Zeit nicht stehen geblieben, aber die alten Gebäude bilden eine meist gelungene Symbiose mit den neuen. Gutes Beispiel ist das Parkhotel. An das Haupthaus in Jugendstilarchitektur wurde der moderne *Vital Spa & Garden* angebaut. Sportlich wird viel geboten, vom Wandern über Radfahren bis zum Edelsport Golf. Mit »69 Löchern« in der Umgebung wirbt man, auch wenn es in Brückenau selbst nur eine *Driving Range* zum Üben langer Schläge gibt. Edelstes Ziel ist der älteste Golfclub Bayerns in Bad Kissingen. Trotzdem: Bad Brückenau hat was, auch wenn es bis heute immer ein wenig im Schatten des großen Bad Kissingen steht.

Im Ortsteil Volkers wartet der Hochseilklettergarten Volkersberg auf Abenteurer ab 14 Jahren. Buchbar für Gruppen ab acht Personen (09741 913200).

71

Stadtkern
Startpunkt Spaziergang:
**Tourismus und Stadt-
marketing Bad Neustadt
GmbH**
An der Stadthalle 4
97616 Bad Neustadt an
der Saale
09771 6310310
www.bad-neustadt-
erleben.de

ROMANTISCH UMMAUERT
Spaziergang durch den Stadtkern

Karl der Große versprach seiner Liebsten, hier eine Stadt in Herzform zu bauen, also geschah es. Wer sich die Mühe macht, den Altstadtkern einmal auf der Karte anzusehen, wird das Herz erkennen. So ist die noch weitgehend erhaltene Befestigungsmauer auch heute noch einer der optischen Höhepunkte Neustadts.

Die Sache mit dem »Bad« im Namen musste, im Gegensatz zu den Nachbarkurorten, bis 1934 warten. Da nämlich wurde das ehemals selbstständige Bad Neuhaus eingemeindet, und der Titel fiel quasi vom Himmel. Das Kurbad selbst existiert seit 1853. Da wurden dank Elisabeth Gräfin von Haxthausen die Solequellen gefasst und der Badebetrieb aufgenommen. Das Kurzentrum, inzwischen durch einen Park mit dem Zentrum verbunden, liegt etwa einen Kilometer von der Kernstadt entfernt. Im Gegensatz zu Staatsbädern wie Kissingen ist Neustadt allein in privater Trägerschaft, was die Kosten für die Stadt natürlich erheblich macht. Wer hier gegen Rheuma, Gefäß- und Gelenkerkrankungen sowie für Herz und Verdauungsorgane kurt, ist sicher prima aufgehoben. Der Besucher wird sich vermutlich auf die außerhalb liegende Salzburg aus dem 11. Jahrhundert und die Altstadt konzentrieren.

Den Stadtkern habe ich nach dem Abstellen des Autos in der Parkgarage, die in die Befestigungsanlage eingegraben wurde, erst einmal komplett umrundet. Der Weg entlang der Stadtmauer gehört für mich zu den Höhepunkten. Er bietet viele Bänke zum Ausruhen und In-die-Landschaft-Schauen. Der Stadtkern wiederum kommt behaglich daher. Kleine romantische und verwinkelte Straßen machen den Charme aus. Auf dem Marktplatz, dessen letzte Gestaltung leider in die Betonwut der 1980er-Jahre fiel, lässt es sich in zahlreichen Cafés und Lokalen entspannen. Wer im Urlaub dringend einkaufen möchte, ist im Verwaltungssitz des Kreises Rhön-Grabfeld ebenfalls richtig.

Das Erlebnisbad Triamare, direkt gegenüber der Altstadt und am Rande des Kurparks gelegen, ist eine gute Anlaufadresse bei schlechtem Wetter.

72

Tourist-Information
Am Flößrasen 1
36433 Bad Salzungen
03695 693420
www.tourismus-
badsalzungen.de

Solewelt
Am Flößrasen 1
36433 Bad Salzungen
03695 69340
www.solewelt.de

NORDSEEQUALITÄTEN

Kuranlage

Ganz schön salzig, das ist der Gedanke, der mir im Gradierwerk des thüringischen Kurorts durch den Kopf geht. Die Reisigbündel der Saline schimmern grau bis weiß. Bevor man eintreten darf, bekommt man einen Plastiküberhang. »Um die Kleider zu schützen«, sagt mir die freundliche Dame an der Kasse. Das überzeugt, denn ich kann nachlesen, dass es in deutschen Landen kaum eine Quelle mit höherem Salzgehalt gibt. Die 27 Prozent Salz in der Sole reduzieren sich in der Salinenluft zwar auf rund 16 Prozent, aber selbst damit kann man der Nordsee Konkurrenz machen. Im Jahr 2021 soll das Gradierwerk grundlegend renoviert werden. Mit Einschränkungen ist zu rechnen.

Die Kuranlage verströmt den Charme der frühen Jahre. Fachwerk beherrscht die Architektur. An das alte Kurhaus wurde das *Keltenbad* als moderner runder Zweckbau angebaut. Seit 2015 trägt es den Namen *Solewelt Bad Salzungen*. Das Soleaktivbad ist ideal, wenn man Kindern das Schwimmen beibringen will. Durch die hohe Salzkonzentration trägt das Wasser enorm. Unter Kurgesichtspunkten sticht die Totes-Meer-Salzgrotte heraus. Naturreines Salz aus dem Toten Meer wurde hier an Wand und Fußboden verarbeitet.

Man hat in 30 Jahren viel getan, um die Kuranlagen zu renovieren und im alten Stil zu erhalten. Der Bohrturm von 1869 wird noch heute als Solepumpstation benutzt. Er ist ein Blickfang. Die Siedehäuser in der Altstadt erinnern an die alte Salzverarbeitungstradition. Ein weiteres Highlight ist der mitten in der Stadt gelegene Burgsee mit seiner Uferpromenade. Wer noch Zeit übrig hat, sollte dem *Museum Türmchen* einen Besuch abstatten. Das kleine Fachwerkhaus hat eine wechselhafte Geschichte von der Schäferei des einstigen Frauenklosters bis zum Jugendclub zu DDR-Zeiten. Heute befindet sich in dem markanten Gebäude in der August-Bebel-Straße das Heimatmuseum.

Sehenswert ist die Kunstruine Frankenstein in der Werraaue. Die Besucherattraktion von 1891 ist ein Nachbau des Originals aus dem 8. Jahrhundert.

73

Feriendorf Wasserkuppe
Wasserkuppe 46
36129 Gersfeld
06654 9175820
www.feriendorf-
wasserkuppe.de

RHÖNER WOHNGEFÜHL
Feriendorf Wasserkuppe

Feriendörfer gibt es einige, Ferienhäuser sehr viele. Das, was auf der Wasserkuppe entstand, ist aber dicht an der Natur. Die 14 Häuser bilden nicht nur eines der höchstgelegenen Feriendörfer Deutschlands, sie sind auch Rhön durch und durch. Geschäftsführer Boris Kiauka erzählte mir, die Heimatnähe sei das wichtigste Kriterium bei Planung und Bau gewesen. Soweit es nur möglich war, wurden Firmen aus der Region beauftragt. Es wurde, rhöntypisch, viel Holz verarbeitet und auch dieser ökologische Grundstoff stammt ausschließlich aus der Region. Darüber investierten die Planer in eine eigene Photovoltaikanlage und ein Blockheizkraftwerk, extra für das Feriendorf. Die Eigentümer sagen, das garantiere übers Jahr gerechnet die CO_2-Neutralität des Feriendorfs. Gerade das hat beim Hessischen Tourismuspreis 2019 überzeugt. Die Anlage gewann den Nachhaltigkeitspreis und wurde zudem von den Hörern und Zuschauern des Hessischen Rundfunks mit dem Publikumspreis ausgezeichnet.

Wohlfühlen mit allen Sinnen. Das geht auf der Wasserkuppe in den 23 Wohneinheiten, die sich auf die 14 Häuser verteilen. Unterschiedliche Größen und Ausstattungsvarianten sind im Angebot. Einige Unterkünfte besitzen eine Sauna und einen Außen-Whirlpool. Die eigentliche Sensation erschließt sich beim Betreten: der Geruch nach natürlichem Holz. In Kombination mit der frischen Rhöner Luft ist das unschlagbar. Die Einrichtung umfasst eine komplett ausgestattete Küche mit gemütlicher Wohn- und Essecke. Auf die Selbstversorger wartet auf dem Gelände der Rhöner Bauernladen mit regionalen Spezialitäten.

So wurden Nachhaltigkeit, Umweltverträglichkeit und Regionalität kombiniert in einer Unterkunft, die je nach Wahl Paare, kleine und große Familien oder auch Gruppen bis zu 16 Personen glücklich machen kann. Das Freizeitangebot auf der Wasserkuppe besticht ohnehin ganzjährig durch große Vielfalt.

Wer kochfaul ist, kann sich selbstverständlich auch im benachbarten Hotelrestaurant *Peterchens Mondfahrt* verwöhnen lassen.

74

Rhön Park Aktiv Resort
Rother Kuppe 2
97647 Hausen-Roth
09779 910
www.rhoen-park-hotel.de

FERIENPARADIES FÜR FAMILIEN

Rhön Park Aktiv Resort auf der Rother Kuppe

In der Rhön hat man es nicht so mit dem Massentourismus. Umso auffälliger ist deshalb das weitab von Dörfern und Städten gelegene *Rhön Park Hotel*. Die Architektur belegt, das Projekt entstand in den 1970er-Jahren und ist bekannt geworden als eine der größten deutschen Hotelanlagen. Als ich irgendwann um 1980 dort war, fand ich es zu groß, zu unpersönlich, zu laut. Als Familienvater hätte ich das vermutlich damals schon anders gesehen.

Jeder Besuch verschreckt angesichts der nicht zu ändernden Architektur erneut, aber das Management macht seit Jahren alles richtig. Die Auslastung stieg dank der intensiven Zusammenarbeit mit fast allen großen Reiseveranstaltern. Die Appartements, Ferienwohnungen und Hotelzimmer sind renoviert und auf dem neuesten Stand. Das Aktivangebot bietet eine Palette von Bierwanderungen über Beach-Volleyball bis zum Alpaka-Trekking. Die kinderfreundliche Gastronomie stimmt genauso wie der Preis. Dennoch, bei allem Angebot und der Feststellung, dass der Blick aus dem Hotel schöner ist als auf das Hotel, fällt die Anlage aus dem Stil der Rhön heraus. Die Grundidee des Aktiv-Resorts hat aber, nach langen Imageproblemen, Früchte getragen und steht jetzt auch im veränderten Namen.

Die Rother Kuppe mit dem Hotel befindet sich am sogenannten Dreiländereck Hessen, Thüringen, Bayern; bis 1989 das Ende der Bundesrepublik. Das hatte den Vorteil, dass es sehr einsam in der Landschaft stand und auch heute noch steht. Das Haus ist groß, aber es bietet alles für die Familie. Insbesondere die Kinderbetreuung, bis zu 35 Stunden pro Woche, ist bei der ganzen Familie beliebt. Als besonderer Pluspunkt gilt, dass die Freizeitangebote das ganze Jahr über angeboten werden. Das Resort ist zweifelsfrei ein Lieblingsplatz für Familien, die das Rundum-soglos-Paket mit Bespaßung mögen.

Die Schneesicherheit garantiert auch im Winter Urlaubsspaß. Leihski und -rodel, Langlaufkurse, Schneeschuhwanderungen und Husky-Trekking sind im Angebot.

**Deutsches Tabakpfeifen-
museum**
Valentin-Rathgeber-Haus
Rathgeberstraße 4
97656 Oberelsbach
09774 91910
www.oberelsbach.de

KULTURGESCHICHTE DES RAUCHS
Deutsches Tabakpfeifenmuseum

5.000 Pfeifen werden versprochen. Ich habe nicht nachgezählt, als ich im Museum war. Superlative spielen letztlich keine Rolle in dieser kleinen, feinen Ausstellung. Das Museum bietet vielmehr die Kulturgeschichte des Tabaks, auch wenn man sie im Jahr 1998 enden lässt. Das mag für Tabakfreunde erleichternd sein, denn die Auseinandersetzung mit Nichtraucherschutzgesetzen und Rauchverboten bleibt ihnen erspart.

Anton Manger, Pfeifenfabrikant aus dem benachbarten Wollbach, ist die Sammlung zu verdanken. Er hat sie zusammengetragen und vor allem auch prominente Pfeifenraucher wie Herbert Wehner gebeten, ihm ihre Schätze zur Verfügung zu stellen. Der Reiz des Museums liegt aber nicht in der Ansammlung von Ausstellungsstücken, sondern in der Darstellung ihres Materials, ihrer Herstellung und Verwendung. Man stößt auf Hutschenreuther-Pfeifen aus Porzellan, Meerschaumpfeifen sowie lange und riesige Exemplare, die heute vermutlich kein Mensch benutzen würde. Anders im 19. Jahrhundert. Illustrationen und Holzstiche belegen, dass die Pfeife ein festes Herrenaccessoire war und Rauchzimmer zum gediegenen Haushalt zählten. Letztlich wird beschrieben, wie sich die Kultur des Rauchens im 20. Jahrhundert veränderte durch Zigarren und später Zigaretten. Fein verarbeitete Zigarettenspitzen der 1920er-Jahre verdeutlichen, welchen Stellenwert das Rauchen in Gesellschaft hatte. Ab den 1950er-Jahren wurde Tabak vermehrt als Zigarette konsumiert, und so begegnet man auch alten, fast vergessenen Markenpäckchen. Natürlich wird dem Grundstoff gehuldigt, die Pflanz-, Ernte- und Verarbeitungsmethoden dargestellt, und der Weg von der Heilpflanze zum Suchtstoff aufgezeigt.

Eine Menge hab ich erfahren, viel über die Kultur des Rauchens, von der Friedenspfeife bis zum Statussymbol, gelernt. Rauchen ist im Übrigen im Museum selbstredend nicht gestattet.

Ein Raum des Museums ist dem einheimischen Barockkomponisten Johann Valentin Rathgeber gewidmet, der 1682 in diesem Haus geboren wurde.

76

**1. Fränkisch-Bayerisches
Schäferwagenhotel**
Oberlauringer Straße 22
97633 Sulzfeld-Leinach
09724 2086
www.schaeferwagen-
hotel.de

DER TISCHLER UND DIE FIXE IDEE
Schäferwagenhotel in Leinach

Matthias Fahls Geschäftsidee geht auf eine lustige Geschichte zurück. »Babba, ich wünsch mir ein paar Schäflich«, sagte vor Jahren einst Fahls Sohn. Die Schafe bekam er, und der »Babba« musste auch gleich noch einen kleinen Schäferwagen für den Sohnemann bauen. Dieser sorgte für Aufsehen. Freunde und Bekannte überredeten den Tischlermeister alsbald zur Konstruktion großer Wagen zu ganz unterschiedlichen Zwecken. Daraus entwickelte sich ein einträgliches Geschäftsmodell seiner Schreinerei und die Idee vom *1. Fränkisch-Bayerischen Schäferwagenhotel.*

Im Spätsommer 2014 war es so weit. Auf der großen Wiese unterhalb von Handwerksbetrieb und Fahl'schem Wohnhaus steht das Schäferwagenhotel in der fränkischen Landschaft. Matthias Fahl geht es nicht ums große Geschäft mit seinen Schäferwagen, aber lohnen muss sich das Projekt natürlich schon, denn die Investitionen waren groß. Da brauchte es einen Sanitärbereich, die *Jagdstube* und eine »Lounge« für Frühstück und das fröhliche Beisammensein der Gäste. Jeder sei willkommen, so Fahl, auf dem Gelände käme man zurück zur Einfachheit. Die Schäferwagen verfügen über Bett und Tisch, einige sogar über einen Ofen. Auf dem könne der Gast auch mal ein Ei braten oder ein paar Würste. Der Erfolg gibt Matthias Fahl und seinem Konzept recht.

Inzwischen sind die beheizten Wagen sogar im Winter buchbar und eine Schäferwagensauna und ein Swimmingpool sind vorhanden. Im Sommer 2015 wurde das *Baumbett* eröffnet: Inzwischen gibt es neben den acht Schäferwagen zwei Baumbetten und zwei Baumhäuser. Die Gastronomie wurde um Grillplätze erweitert und selbstverständlich liefert der Jäger Matthias Fahl gerne die passenden Wildschweinbratwürste. Er ist eben ein selbstverständlicher Botschafter seiner Region am südöstlichen Rand der Rhön.

Die unterschiedlich großen Schäferwagen verfügen über Strom. WLAN auf dem Gelände ist selbstverständlich, und ein Frühstück kann man auch dazubuchen.

77

Hammelburg
Startpunkt Spaziergang:
Tourist-Information
Kirchgasse 4
97762 Hammelburg
09732 902430
www.hammelburg.de

DIESE STADT HAT'S DRAUF
Spaziergang durch die Altstadt

Wein aus der Rhön? Da komme ich ins Grübeln. Allerdings, war da nicht die Abtei in Fulda und ihre Ausdehnung bis zu der Stelle, wo der erste gute Tropfen angebaut wird? Waren da nicht die exponierte Lage an der Saale und das großzügige Geschenk von Weinstöcken durch Karl den Großen? Wenn man durchs Fränkische Saaletal fährt, fallen die Hänge mit den Reben auf. Teilweise ragen sie ziemlich steil in die Höhe. Müller-Thurgau, Silvaner und einige innovative Neuzüchtungen werden hier angebaut. Die Nähe zur Rhön, sagen die Winzer, begünstige die Fruchtigkeit der Weine. Das kühlere Klima sorge für eine längere Reifung am Weinstock, zusätzlich gäbe es erhebliche geschmackliche Unterschiede der Lagen rund um die Stadt. Die Intensität steigere sich noch durch die geringen Niederschläge der Region.

Nachdem ich mein Auto auf dem Parkplatz an der Saale abgestellt habe, fällt mein Blick auf das Rote Schloss, die frühere Sommerresidenz der Fuldaer Fürstäbte. Wer möchte, kann dort im Winzerkeller direkt mit der ersten Weinprobe starten. Aber es ist noch früh am Tag, folglich begebe ich mich erst einmal ins Gassengewirr der Altstadt, passiere die markante Rathausfassade, davor der Renaissancebrunnen. In der Löwengasse stoße ich auf eine bezaubernde Glaskunstgalerie, die unter anderem Schmunzelsteine, Edelsteine oder Kunstglas, mit lustigen Gesichtern verziert, verkauft. Lassen Sie sich die dahinterstehende Geschichte erzählen. In der Dalbergstraße treffe ich auf das kleine Weingut von Peter Plewe. Hier gibt es zertifizierten Biowein, und am Wochenende öffnet er seine Weinhäusle mit fränkischen Spezialitäten im Angebot. Schade, dass heute Dienstag ist.

Auf der anderen Uferseite der Saale – nicht zu besichtigen, aber mit großem Ruhm versehen – ist die Bayerische Musikakademie. Nur zu Konzerten öffnen sich die Tore für die Öffentlichkeit.

Schloss Saaleck auf der anderen Saaleseite lohnt. Besichtigung und Restaurant warten am Berg. Das Hotel bietet Übernachtungen im historischen Ambiente.

KRIMIS AUS DER REGION

Braun,
Elendsknochen
978-3-8392-2308-6

Hövelmann,
Auge um Auge
978-3-8392-1893-8

Hövelmann,
Der Kasematten-Mörder
978-3-8392-1894-5

Pfannholz,
Waldherz
978-3-8392-1746-7

Schmöe/Steps
(Hrsg.),
Mörderische Prachtbäder
978-3-8392-2234-8

Wolf,
Die Tote im Nebel
978-3-8392-1353-7

GMEINER SPANNUNG

WWW.GMEINER-VERLAG.D
Wir machen's spannen